Mein Buch mit Indoor-Spielen

Clarence Squareman

Writat

Diese Ausgabe erschien im Jahr 2024

ISBN: 9789359942315

Herausgegeben von
Writat
E-Mail: info@writat.com

Inhalt

EINFÜHRUNG

„Lassen Sie das Kind die ganze Freude am Spiel in sich aufnehmen. Es gibt nichts Besseres, als es auf dem Weg der Gesundheit, des richtigen Denkens und der geistigen Entwicklung zu halten."

Dies ist das Leitmotiv des Autors. Der Leser findet in diesem Buch eine Sammlung alter und aktueller Spiele. Der Student des Spiels hat schon lange erkannt, dass es keine neuen Spiele gibt, dass alle unsere heutigen Spiele auf den alten basieren.

Der Zweck von „Mein Buch der Indoor-Spiele" ist es, Vergnügen und Unterhaltung zu bieten und ein Mittel zur Geselligkeit zu sein. Daher stellt sich sehr oft die Frage: „Was sollen wir tun?" In vielen Fällen dient dieses Buch nur als Erinnerungshilfe. Die Spiele und Gesellschaftstricks sind bekannt, können aber im entscheidenden Moment nicht abgerufen werden. Eine Kombination wie diese aus den besten altmodischen Spielen und einer sorgfältig zusammengestellten Liste der Spiele von heute wird jungen Menschen bei ihrer Suche nach Unterhaltung und Vergnügen eine große Hilfe sein.

Aber das Buch wird auch Erwachsenen nützlich sein. Der Autor hat schon erlebt, wie gesetzte, respektable Leute „Lubin Loo" mit ebenso viel Begeisterung und Elan spielen wie die jüngste Gruppe von Kindern. Wir alle haben „Auf dem Weg nach Jerusalem" gespielt. Der Elan muss da sein; nichts ist so ansteckend wie der Spielgeist.

Hide-then go seek

INDOOR-SPIELE

<hr>

Dreh den Grabenfräse

Dies ist ein Spiel, das von nahezu jeder beliebigen Anzahl von Kindern gespielt werden kann.

Die Spieler setzen sich in einen Kreis und jeder wählt den Namen einer Stadt, Blume oder was auch immer zuvor vereinbart wurde. Einer der Teilnehmer steht mit einem kleinen hölzernen Teller oder Servierer in der Mitte des Kreises, stellt ihn auf den Rand und dreht ihn, wobei er den Namen ausruft, den einer der Spieler gewählt hat. Die genannte Person muss aufspringen und den Teller ergreifen, bevor dieser aufhört, sich zu drehen. Wenn er jedoch nicht sehr schnell ist, fällt der Teller zu Boden und er muss eine Strafe zahlen. Dann ist er an der Reihe, den Teller zu drehen.

Ein sehr ähnliches Spiel ist „My Lady's Toilet". Der einzige Unterschied besteht darin, dass jeder Spieler den Namen eines Kleidungsstücks einer Dame nennen muss, beispielsweise eines Schals, Ohrrings, einer Brosche, einer Haube usw.

<hr>

Querfragen und krumme Antworten

Um dieses Spiel zu spielen, sitzt man am besten im Kreis und bis zum Ende des Spiels darf niemand lauter als flüsternd sprechen.

Der erste Spieler flüstert seinem Nachbarn eine Frage zu, zum Beispiel: „Magst du Rosen?" Diese Frage gehört nun dem zweiten Spieler und dieser muss sie sich merken.

Der zweite Spieler antwortet: „Ja, sie riechen so süß", und diese Antwort gehört dem ersten Spieler. Der zweite Spieler stellt nun seinem Nachbarn eine Frage und achtet darauf, sich die Antwort zu merken, da sie ihm gehört. Vielleicht hat er seinen Nachbarn gefragt: „Magst du Kartoffeln?" und die Antwort war vielleicht: „Ja, wenn sie gebraten sind!"

Damit hat der zweite Spieler nun eine ihm zustehende Frage und Antwort, die er sich merken muss.

Das Spiel geht so lange weiter, bis jedem eine Frage gestellt und eine Antwort gegeben wurde. Dabei muss sich jeder Spieler im Klaren darüber sein und im Hinterkopf behalten, dass ihm die Frage, die ihm gestellt wird, und die Antwort seines Nachbarn gehören.

Am Ende des Spiels stellt jeder Spieler seine Frage und antwortet laut, und zwar auf folgende Weise:

„Ich wurde gefragt: ‚Magst du Rosen?‘ und die Antwort war: ‚Ja, wenn sie frittiert sind!‘“ Der nächste Spieler sagt: „Ich wurde gefragt: ‚Magst du Kartoffeln?‘ und die Antwort war: ‚Ja, sie sind sehr hübsch, aber sie halten nicht lange.‘“

Orangen und Zitronen

Zwei der Spieler fassen sich an den Händen und blicken einander zu, nachdem sie sich privat darauf geeinigt haben, welche Orangen und welche Zitronen sind. Der Rest der Gruppe bildet eine lange Reihe, steht hintereinander und hält sich gegenseitig an den Kleidern oder Mänteln fest. Die ersten beiden heben ihre Hände, sodass ein Bogen entsteht, und der Rest läuft hindurch und singt dabei:

"Orangen und Zitronen,

Sagen die Glocken von St. Clement;

Du schuldest mir fünf Farthings,

Sagen die Glocken von St. Martin;

Wann wirst du mich bezahlen?

Sagen die Glocken von Old Bailey.

Ich weiß es nicht,

Sagt die große Glocke von Bow.

Hier kommt ein Hubschrauber, der Ihnen ins Bett leuchtet!

Hier kommt ein Hackmesser, um dir den Kopf abzuschlagen!"

Beim Wort „Kopf“ senkt sich der Handbogen und umfasst den Spieler, der in diesem Moment hindurchgeht; dann wird er geflüstert gefragt: „Orangen oder Zitronen?“ und wenn er „Orangen“ wählt, wird ihm gesagt, er soll hinter den Spieler gehen, der sich bereit erklärt hat, „Orangen“ zu sein, und ihn um die Taille umfassen.

Die Spieler müssen darauf achten, flüsternd zu sprechen, sodass die anderen möglicherweise nicht wissen, was gesagt wurde.

Das Spiel geht dann auf die gleiche Weise weiter, bis alle Kinder gefangen wurden und sich entschieden haben, welche sie sein wollen: „Orangen" oder „Zitronen". Wenn dies geschieht, bereiten sich die beiden Seiten auf ein Tauziehen vor. Jedes Kind umklammert das vor ihm liegende Kind fest und die beiden Anführer ziehen mit aller Kraft, bis eine Seite die andere über eine zwischen ihnen gezogene Linie gezogen hat.

Reise nach Jerusalem oder Die Reise nach Jerusalem

Dieses Spiel muss in einem Raum gespielt werden, in dem ein Klavier steht.

Stellen Sie einige Stühle Rücken an Rücken in die Mitte des Raumes, wobei Sie einen Stuhl weniger als die Anzahl der Spieler einplanen. Jemand beginnt eine Melodie zu spielen und sofort beginnen die Spieler zum Klang der Musik um die Stühle herum zu laufen oder zu rennen.

Wenn die Musik aufhört, muss jeder Spieler versuchen, einen Sitzplatz zu finden. Da ein Stuhl fehlt, wird es einem nicht gelingen und dieser wird „put" genannt. Er muss einen Stuhl mitnehmen und das Spiel geht weiter, bis nur noch eine Person übrig ist, die keinen Stuhl mehr zum Sitzen hat. Diese Person hat das Spiel gewonnen.

Das Alphabet des Reisenden

Die Spieler sitzen in einer Reihe und der erste beginnt mit den Worten: „Ich gehe auf eine Reise nach Athen", oder an einen beliebigen Ort, der mit A beginnt. Der nächste fragt: „Was wirst du dort tun?" Die in der Antwort verwendeten Verben, Adjektive und Substantive müssen alle mit A beginnen, wie etwa „Kranke Autoren mit Anekdoten unterhalten". Wenn der Spieler richtig antwortet, ist der nächste Spieler an der Reihe; er sagt etwa: „Ich gehe nach Bradford." „Was soll ich dort tun?" „Brot und Butter zurückbringen." Ein dritter sagt: „Ich gehe nach Konstantinopel." „Was soll ich dort tun?" „Zufriedene Katzen tragen." Jeder, der einen Fehler macht, muss eine Strafe zahlen.

Der Familiencoach

Dies ist ein sehr gutes altes Spiel und macht besonders viel Spaß, wenn Sie jemanden finden, der gut Geschichten erzählen kann.

Die Spieler sitzen im Kreis und jeder, außer dem Geschichtenerzähler, nennt den Namen eines Teils einer Kutsche oder ihrer Ausstattung, zum Beispiel Tür, Trittstufe, Räder, Zügel, Logensitz und so weiter.

Wenn alle bereit sind, beginnt der Erzähler mit einer Geschichte über eine alte Kutsche und was mit ihr passiert ist, wie sie auf eine Reise ging, zu Schaden kam, repariert wurde und wieder auf die Reise ging. Die Geschichte sollte flüssig, aber nicht zu schnell erzählt werden. Jedes Mal, wenn ein Teil der Kutsche erwähnt wird, muss der Spieler, der diesen Namen genannt hat, von seinem Platz aufstehen und sich dann wieder hinsetzen.

Wenn „der Trainer" erwähnt wird, müssen alle Spieler, mit Ausnahme des Geschichtenerzählers, aufstehen. Jeder, der diese Regeln nicht einhält, muss eine Strafe zahlen.

Lass das Taschentuch fallen

Die Spieler fassen sich an den Händen und bilden einen Kreis. Ein Kind, das das Taschentuch fallen lassen soll, bleibt draußen. Es geht im Kreis umher, berührt jedes Kind mit dem Taschentuch und sagt dabei folgende Worte:

„Ich habe meiner Liebe einen Brief geschrieben,

Aber auf dem Weg ließ ich es fallen;

Ein kleines Kind hob es auf

Und steckte es in seine Tasche.

Du warst es nicht, du warst es nicht,

Das warst nicht du – aber du warst es."

Wenn er sagt: „Du warst es", muss er das Taschentuch hinter einem der Spieler fallen lassen, der es aufhebt und ihn um den Ring herum jagt, außerhalb und unter den verbundenen Händen hindurch, bis er ihn mit dem Taschentuch berühren kann. Sobald dies geschieht, betritt der erste Spieler den Ring, während nun der zweite an der Reihe ist, „das Taschentuch fallen zu lassen".

Magische Musik

Einer der Spieler wird aus dem Raum geschickt und die anderen einigen sich auf eine einfache Aufgabe, die er ausführen soll, wie etwa einen Stuhl zu bewegen, ein Ornament zu berühren oder einen versteckten Gegenstand zu finden. Dann wird er hereingerufen und jemand beginnt, Klavier zu spielen. Wenn der Spieler sehr laut spielt, weiß der „Suchende", dass er sich weit von dem zu suchenden Gegenstand entfernt befindet. Wenn die Musik leise ist, weiß er, dass er sich in unmittelbarer Nähe befindet, und wenn die Musik ganz aufhört, weiß er, dass er den Gegenstand gefunden hat, nach dem er suchen sollte.

Summen

Dies ist ein sehr altes Spiel, das aber immer sehr beliebt ist. Je mehr Spieler, desto mehr Spaß macht es. Es wird folgendermaßen gespielt: Die Spieler sitzen im Kreis und beginnen der Reihe nach zu zählen. Wenn jedoch die Zahl 7 oder eine beliebige Zahl erreicht wird, in der die Zahl 7 oder ein Vielfaches von 7 vorkommt, sagen sie „Buzz" statt der Zahl, die es sein könnte. Angenommen, die Spieler haben beispielsweise bis 12 gezählt, sagt der nächste Spieler „13", der nächste „Buzz", weil 14 ein Vielfaches von 7 ist (zweimal 7). Der nächste Spieler sagt dann „15", der nächste „16" und der nächste natürlich „Buzz", weil die Zahl 7 in der Zahl 17 vorkommt. Wenn einer der Spieler vergisst, zum richtigen Zeitpunkt „Buzz" zu sagen, ist er raus. Das Spiel beginnt dann mit den verbleibenden Spielern von vorne und wird so fortgesetzt, bis nur noch eine Person übrig ist. Wenn man sehr sorgfältig vorgeht, kann man die Zahlen bis 70 zählen, was nach den oben genannten Regeln natürlich Buzz heißen würde. Die Zahlen würden dann als Buzz 1, Buzz 2 usw. bis 79 weitergeführt, aber es kommt sehr selten vor, dass dieser Punkt erreicht wird.

„Ich habe meinen Sohn in die Lehre gegeben."

Am besten lässt sich dieses Spiel anhand eines Beispiels beschreiben. Der erste Spieler denkt an „Artischocke" und beginnt: „Ich habe meinen Sohn zum Gemüsehändler in die Lehre gegeben und das erste, was er verkauft hat, war ein A."

Zweiter Spieler: „Apple?" „Nein."

Dritter Spieler: „Mandeln?" „Nein."

Vierter Spieler: „Spargel?" „Nein."

Fünfter Spieler: „Artischocke?" „Ja."

Der letzte Spieler, der richtig geraten hat, darf nun seinen Sohn in die Lehre geben. Kein Spieler darf mehr als einmal raten.

Katz 'und Maus

Die Kinder sitzen in zwei Reihen einander gegenüber, mit etwas Abstand dazwischen. Ein Kind nimmt den Platz der „Katze" ein und hat die Augen verbunden, ein anderes den Platz der „Maus" und hat ebenfalls die Augen verbunden. Die Katze steht an einem Ende der Reihe und die Maus am anderen Ende. Sie beginnen in entgegengesetzte Richtungen und orientieren sich an den Stühlen. Die Katze versucht, die Maus zu fangen. Wenn die Maus gefangen ist, wird sie zur Katze und eins der Kinder nimmt den Platz der Maus ein.

Der Meereskönig

Dieses Spiel kann von beliebig vielen Kindern gespielt werden. Zuerst wird ein Spieler aus der Gruppe zum Meereskönig bestimmt. Dieser muss in der Mitte eines Kreises stehen, der von den Spielern gebildet wird, die sich um ihn herumsetzen. Der Kreis sollte so groß wie möglich sein. Nachdem jeder Spieler den Namen eines Fisches gewählt hat, läuft der König im Kreis herum und ruft die Spieler bei den Namen, die sie gewählt haben.

Jeder erhebt sich sofort, wenn er seinen Namen hört, und folgt dem König, der, als alle seine Untertanen ihre Plätze verlassen haben, ausruft: „Das Meer ist aufgewühlt", und sich plötzlich hinsetzt. Seine Untertanen folgen seinem Beispiel sofort. Derjenige, der keinen Platz bekommt, muss dann den Platz des Königs einnehmen, und das Spiel geht weiter.

Buff sagt "Baff"

Dies ist ein Spiel, bei dem niemand lächeln oder lachen darf. Alle Spieler, bis auf einen, sitzen in einer Reihe oder einem Halbkreis; einer geht aus dem Raum und kommt mit einem Stock oder Schürhaken in der Hand und einem sehr ernsten und feierlichen Gesicht zurück. Er soll gerade von einem Besuch bei Buff zurückgekehrt sein. Der erste Spieler fragt ihn: „Woher kommst du?" „Von Buff." Der nächste fragt: „Hat er dir etwas gesagt?" Darauf lautet die Antwort:

„Buff sagte ,Baff',

Und gab mir diesen Stab,

Sagte mir weder, dass ich lächeln noch lachen solle.

Buff sagt 'Baff' zu allen seinen Männern,

Und ich sage noch einmal „Baff" zu dir.

Und er lacht und lächelt nicht,

Trotz all deiner listigen Listen,

Aber sein Gesicht ist sehr anmutig,

Und reicht seinen Stab gleich an den nächsten Ort weiter."

Wenn er dies alles wiederholen kann, ohne zu lachen, übergibt er seinen Stab an jemand anderen und nimmt seinen Platz ein; wenn er jedoch lacht oder auch nur lächelt, bezahlt er ein Pfand, bevor er ihn aufgibt.

Blinde Kuh

In alten Zeiten war dieses Spiel unter dem Namen „Kapuzenmann-Blind" bekannt, da damals dem Kind, das zum „Blindenmann" ausgewählt wurde, eine Kapuze über den Kopf gezogen wurde, die im Nacken befestigt wurde.

Heutzutage heißt das Spiel „Blinde Kuh" und erfreut sich bei jungen Leuten großer Beliebtheit.

Bevor mit dem Spiel begonnen wird, sollte die Mitte des Raumes freigeräumt, die Stühle an die Wand gestellt und alle Spielsachen und Fußbänke aus dem Weg geräumt werden. Dem ausgewählten Kind, das „Blind Man" oder „Buff" sein soll, werden die Augen verbunden. Dann wird ihm die Frage gestellt: „Wie viele Pferde hat dein Vater?" Die Antwort ist „Drei", und auf die Frage: „Welche Farbe haben sie?" antwortet es: „Schwarz, weiß und grau." Alle Spieler rufen dann: „Dreht euch dreimal um und fängt, wen ihr fangt." Buff dreht sich dementsprechend im Kreis und dann beginnt der Spaß. Er versucht, die Spieler zu fangen, während diese wiederum ihr Möglichstes tun, um „Buff" zu entkommen, und dabei die ganze Zeit kleine Geräusche machen, um ihn anzulocken. Dies geht so lange weiter, bis einer der Spieler gefangen wird, und Buff, ohne dass die Augenbinde entfernt wird, den Namen der Person erraten muss, die er gefangen hat. Wenn die Vermutung richtig ist, übernimmt der gefangene Spieler die Rolle von „Buff", und der ehemalige „Buff" schließt sich den Reihen der Spieler an.

Der geile Kater

Dieses Spiel ist eigentlich nur für fünf Spieler gedacht, aber mit ein wenig Absprache können auch sechs oder sieben Kinder am Spaß teilnehmen.

Je vier Spieler nehmen in den verschiedenen Ecken des Raumes Platz, der fünfte steht in der Mitte. Wenn mehr Kinder mitspielen möchten, müssen andere Teile des Raumes als „Ecken" bezeichnet werden, damit für jeden eine Ecke vorhanden ist.

Der Spaß besteht darin, dass die Spieler versuchen, die Plätze zu tauschen, ohne erwischt zu werden. Sie müssen jedoch zuerst „Mieze, Mieze" rufen und dann dem Spieler, mit dem sie tauschen möchten, ein Zeichen geben. Sobald sie ihre Ecken verlassen, versucht der Spieler in der Mitte, in eine von ihnen zu gelangen.

Wenn es dem Center-Spieler gelingt, in eine Ecke zu gelangen, muss der Verdrängte seinen Platz in der Raummitte einnehmen.

Der Postbote

Bei diesem Spiel setzen sich alle Spieler, bis auf zwei, in einen Kreis. Einer der beiden Ausgebliebenen hat die Augen verbunden und wird „Postbote" genannt, der andere „Generalpostmeister". Jeder der im Kreis sitzenden Spieler wählt den Namen einer Stadt, den der „Generalpostmeister" auf einen Zettel schreibt, damit er ihn nicht vergisst. Dann ruft er die Namen zweier Städte auf, und zwar: „Die Post von Aberdeen nach Kalkutta". Sofort müssen die Spieler, die diese Namen genommen haben, die Plätze tauschen, und währenddessen muss der „Postbote" versuchen, einen von ihnen zu fangen. Wenn ihm dies gelingt, nimmt er seinen Platz im Kreis ein, nachdem er eine Stadt für seinen Namen gewählt hat, und der Gefangene wird an seiner Stelle „Postbote". Manchmal wird „Generalpost" gerufen, wenn alle die Plätze tauschen müssen, und der „Postbote" bekommt dann fast sicher einen Platz.

Der Zwerg

Dies ist ein äußerst unterhaltsames Spiel, wenn es gut durchgeführt wird. Die beiden Darsteller müssen sich hinter zwei Vorhängen verstecken, vor denen ein Tisch steht.

Einer der Darsteller steckt seine Hände in die Socken und kleinen Schuhe eines Kindes. Dann muss er sein Gesicht verdecken, indem er sich einen falschen Schnurrbart anlegt, seine Augenbrauen bemalt und Stücke schwarzen Pflasters über einen oder zwei seiner Zähne klebt, sodass es aussieht, als hätte er mehrere Zähne verloren. Zusammen mit einem Turban auf dem Kopf ist dies eine sehr gute Verkleidung. Der zweite Darsteller muss nun hinter dem ersten stehen und seine Arme um ihn legen, sodass die Hände des zweiten Darstellers wie die Hände des Zwergs aussehen, während die Hände des ersten Darstellers seine Füße bilden. Die Figur muss natürlich sorgfältig gekleidet und der Körper des zweiten Darstellers hinter den Vorhängen versteckt sein.

Der vordere Spieler legt nun seine beschuhten Hände auf den Tisch und beginnt, den Takt anzugeben, während der andere Spieler mit seinen Händen nachzieht.

Der Zwerg kann zum Wahrsagen, Scherzen oder Rätseln eingesetzt werden und wenn die Darsteller ihre Rollen gut spielen, werden die Gäste herzhaft lachen.

Wie, wann und wo

Einer aus der Gruppe verlässt den Raum, während die anderen ein Wort zum Erraten auswählen. Am besten eignet sich ein Wort mit zwei oder drei verschiedenen Bedeutungen.

Wir nehmen an, dass das Wort „Frühling" gedacht wurde. Wenn die Person, die sich außerhalb des Zimmers befindet, zurückgerufen wird, fragt sie nacheinander: „Wie gefällt es Ihnen?" Die Antworten können „Trocken" (was die Jahreszeit bedeutet), „Kalt und klar" (eine Wasserquelle), „Stark" (eine Uhrquelle) und „Hoch" (ein Sprung) sein. Die nächste Frage ist: „Wann gefällt es Ihnen?" Die Antworten können sein: „Wenn ich auf dem Land bin", „Wenn ich durstig bin", „Wenn meine Uhr kaputt ist."

Die nächste Frage lautet: „Wo gefällt es dir?" und die Antworten können lauten: „Überall und jederzeit", „Bei heißem Wetter", „In der Uhr". Das Spiel besteht darin, das Wort nach einer der Antworten zu erraten. Wenn die Antwort richtig ist, übernimmt der zuletzt befragte Spieler den Platz desjenigen, der geraten hat. Wenn die Antwort falsch ist, muss der Fragende es erneut versuchen.

***

Alter Soldat

„Old Soldier" ist ein Spiel für kleine Kinder, und obwohl es sehr einfach erscheint, macht es doch eine Menge Spaß. Eines der Kinder gibt vor, ein alter Soldat zu sein, und geht herum und bettelt nacheinander bei jedem der anderen Spieler, sagt, er sei „arm, alt und hungrig" und fragt, was sie für ihn tun oder ihm geben würden. Beim Antworten auf den „Old Soldier" darf niemand die Wörter „Ja", „Nein", „Schwarz" oder „Weiß" sagen, und die Antwort muss sofort und ohne Zögern erfolgen. Jeder, der nicht sofort antwortet oder eines der verbotenen Wörter verwendet, muss eine Strafe zahlen.

Robert Major

Zwei Spieler setzen sich hin und ein Tuch, das groß genug ist, damit sie nichts sehen, wird ihnen über den Kopf gelegt. Dann klopfen ihnen zwei andere Personen mit langen Papierrollen, die sie in der Hand halten, auf den Kopf und fragen mit gespielter Stimme: „Wer klopft dich?" Wenn einer der Geklopften richtig antwortet, tauscht er mit demjenigen, der ihn geklopft hat, den Platz.

Dummer Crambo

Teilen Sie die Truppe in zwei gleich große Teile auf, wobei eine Hälfte den Raum verlässt. Die übrigen Spieler sollten dann ein Wort auswählen, das von denen vor der Tür erraten werden muss. Wenn das Wort gewählt wurde – sagen wir zum Beispiel das Wort „will" –, wird der Gruppe vor dem Raum gesagt, dass sich das Wort, das sie erraten sollen, auf „till" reimt. Dann findet eine Beratung statt, und sie denken vielleicht, dass das Wort „ill" ist. Dann kommt die Truppe herein und beginnt, das Wort „ill" zu spielen, ohne jedoch ein Wort zu sagen. Wenn das Publikum das gespielte Wort erkennt, zischt es sofort, und die Schauspieler ziehen sich dann zurück und denken sich ein anderes Wort aus.

So geht das Spiel weiter, bis das richtige Wort gefunden ist und die im Raum verbliebene Gesellschaft in die Hände klatscht. Anschließend tauschen die Zuschauer mit den Schauspielern die Plätze.

Handel

Jeder Spieler muss sich einen Beruf aussuchen und so tun, als ob er diesen ausübte. Wenn er beispielsweise Schneider ist, muss er so tun, als ob er näht oder bügelt; wenn er Schmied ist, muss er so tun, als ob er hämmert und so weiter. Einer ist der König und wählt ebenfalls einen Beruf. Jeder arbeitet so hart er kann, bis der König plötzlich seinen Beruf aufgibt und den eines anderen annimmt. Dann müssen alle aufhören, außer demjenigen, dessen Beruf der König übernommen hat, und dieser muss mit der Arbeit des Königs beginnen. Die beiden machen so weiter, bis der König beschließt, zu seinem eigenen Beruf zurückzukehren, woraufhin alle wieder mit der Arbeit beginnen. Jeder, der nicht zur rechten Zeit mit der Arbeit aufhört oder wieder anfängt, muss eine Strafe zahlen.

Ein etwas komplizierteres und lebendigeres Spiel mit dem Titel „Handeln" wird gespielt, indem jeder Junge in der Gruppe einen Beruf auswählt, den er ausüben soll. Der Anführer muss eine Geschichte erfinden und sie, in der Mitte stehend, der Gruppe erzählen. Es muss ihm gelingen, eine Reihe von Namen von Berufen oder Unternehmen einzubringen, und wenn ein Beruf erwähnt wird, muss die Person, die ihn vertritt, sofort einen Artikel nennen, der in dem Geschäft verkauft wird.

Der Schulmeister

Dies ist immer ein beliebtes Spiel. Einer der Spieler wird zum Schulmeister gewählt und die anderen bilden in der richtigen Reihenfolge vor ihm die Klasse. Der Lehrer kann dann die Klasse in jedem beliebigen Fach prüfen. Angenommen, er wählt Geographie, dann muss er mit dem Schüler an der Spitze der Klasse beginnen und nach dem Namen eines Landes oder einer Stadt fragen, die mit A beginnt. Wenn der Schüler nicht richtig antwortet, bevor der Lehrer bis zehn gezählt hat, fragt er den nächsten Schüler, der, wenn er rechtzeitig richtig antwortet – zum Beispiel „Amerika" oder „Amsterdam" – an die Spitze der Klasse kommt. Der Schulmeister kann auf diese Weise das Alphabet entweder regelmäßig oder zufällig durchgehen, wie es ihm beliebt. Jedes Thema – Namen von Königen, Königinnen, Dichtern, Soldaten usw. – kann gewählt werden. Die Fragen und Antworten müssen so schnell wie möglich folgen. Wer nicht rechtzeitig antwortet, zahlt eine Strafe.

Regel des Gegenteils

Dies ist ein einfaches Spiel für kleine Kinder. Es wird entweder mit einem Taschentuch oder, wenn mehr als vier Personen mitspielen möchten, mit einem Tischtuch oder einem kleinen Laken gespielt. Jeder nimmt das Tuch; der Spielleiter hält es mit der linken Hand, während er mit der rechten so tut, als würde er auf das Tuch schreiben, während er sagt: „Hier gehen wir nach der Regel des Gegenteils vor. Wenn ich sage: ‚Halt fest', lass los; und wenn ich sage: ‚Lass los', halte fest." Der Spielleiter ruft dann einen der Befehle aus, und die anderen müssen das Gegenteil von dem tun, was er sagt. Wer dies nicht tut, muss eine Strafe zahlen.

Simon sagt

Setzt euch in einen Kreis und wählt einen aus der Gruppe zum Anführer oder Simon. Seine Aufgabe ist es, alle möglichen Dinge anzuordnen, je lustiger, desto besser. Diese müssen nur befolgt werden, wenn der Befehl mit „Simon sagt" beginnt. Wie zum Beispiel „Simon sagt: ‚Daumen hoch!'", was natürlich alle befolgen; dann kommt vielleicht: „Daumen runter!", was nicht befolgt werden sollte, weil der Befehl nicht mit „Simon sagt" begann.

Jedes Mal, wenn diese Regel vergessen wird, muss eine Strafe gezahlt werden. „Hände vor die Augen", „Mit dem rechten Fuß aufstampfen", „Am linken Ohr ziehen" usw. sind die Art von Befehlen, die gegeben werden müssen.

Der Vogelfänger

Um dieses Spiel zu spielen, müssen Sie zuerst entscheiden, wer von Ihnen der Vogelfänger sein soll. Die anderen Spieler wählen dann jeweils den Namen eines Vogels, aber keiner darf die Eule wählen, da dies verboten ist. Alle Spieler sitzen dann mit den Händen auf den Knien im Kreis, außer dem Vogelfänger, der in der Mitte steht und eine Geschichte über Vögel erzählt, wobei er besonders diejenigen erwähnt, von denen er weiß, dass sie von der Gesellschaft ausgewählt wurden. Wenn der Name jedes Vogels aufgerufen wird, muss der Besitzer seinen Ruf so gut wie möglich nachahmen, aber wenn die Eule aufgerufen wird, müssen alle Hände hinter den Stuhl gelegt werden und dort bleiben, bis der Name des nächsten Vogels aufgerufen wird. Wenn der Vogelfänger „Alle Vögel" ruft, müssen die Spieler gemeinsam ihre verschiedenen Vogelimitationen vorführen. Sollte ein Spieler den Ruf nicht ausstoßen, wenn sein Vogel aufgerufen wird, oder vergessen, die Hände hinter den Stuhl zu legen, muss er mit dem Vogelfänger den Platz tauschen.

Französische Rolle

Viele Kinder spielen dieses Spiel. Ein Spieler wird Käufer genannt, die anderen bilden eine Reihe vor ihm und fassen sich gegenseitig. Der erste in dieser Reihe wird Bäcker genannt, der letzte das Brötchen. Die dazwischen sollen der Ofen sein. Wenn sie alle an ihrem Platz sind, sagt der Käufer zum Bäcker: „Gib mir mein Brötchen." Der Bäcker antwortet: „Es ist hinten im Ofen." Der Käufer geht los, um es zu holen, als das Brötchen von hinten aus dem Ofen zu rennen beginnt und auf den Bäcker zukommt, während er die ganze Zeit ruft: „Wer rennt? Wer rennt?" Der Käufer darf ihm nachlaufen, aber wenn das Brötchen zuerst an die Spitze der Reihe kommt, wird er Bäcker und der letzte in der Reihe ist Brötchen. Wenn der Käufer jedoch das Brötchen fängt, wird das Brötchen Käufer und der Käufer nimmt den Platz des Bäckers ein.

Das Gartentor

Das Gartentor ist ein sehr hübsches Spiel. Alle Spieler bilden einen Kreis, bis auf einen, der in der Mitte steht. Die anderen tanzen dreimal um sie herum, und als sie anhalten, beginnt sie zu singen:

„Macht das Gartentor weit auf, das Gartentor, das Gartentor,

Mach das Gartentor weit auf und lass mich durch."

Dann tanzt der Kreis wieder um sie herum und singt:

„Hol dir den Schlüssel zum Gartentor, zum Gartentor, zum Gartentor,

Nimm den Schlüssel zum Gartentor, öffne es und lass dich durch."

Das Mädchen im Kreis gibt vor zu schluchzen und antwortet:

„Ich habe den Schlüssel zum Gartentor verloren, zum Gartentor, zum Gartentor,

Ich habe den Schlüssel zum Gartentor verloren und kann nicht durch."

Aber die Tänzer tanzen um sie herum und singen:

„Dann könnt ihr die ganze Nacht im Tor bleiben, im Tor, im Tor,

Sie können die ganze Nacht im Tor bleiben, sofern Sie nicht die Kraft haben, durchzubrechen."

Die Gefangene rennt dann zum schwächsten Teil des Rings und versucht, ihn zu durchbrechen, indem sie ihr ganzes Gewicht auf die gefalteten Hände der Kinder wirft. Im Allgemeinen gelingt ihr der Durchbruch, und das Kind, dessen Hand nachgibt, wird an seiner Stelle gefangen genommen.

Scharade

Ein hinterer Salon mit Falttüren eignet sich sehr gut als Theater für Scharaden. Zum Verkleiden kann man fast alles verwenden – Schals, Schonbezüge, Tischdecken, Taschentücher, abgelegte Kleider oder einen Morgenmantel. Letzterer ist ein sehr nützliches Kleidungsstück, um einen alten Herrn darzustellen, während Werg oder weiße Feuerspäne sich hervorragend als Perücken eignen.

Das Tolle an einer Scharade ist, dass man versucht, das Publikum so weit wie möglich zu verwirren. Sie müssen ein Wort mit zwei oder mehr Silben wählen, wie zum Beispiel „Dudelsack". Zuerst müssen Sie das Wort „Dudelsack" spielen und sicherstellen, dass das Wort erwähnt wird. Sie müssen jedoch darauf achten, es so einzubringen, dass das Publikum nicht errät, dass es das Wort ist, das Sie spielen.

Als nächstes kommt das Wort „Pipe", und dieses muss auf die gleiche Weise eingeführt werden. Wenn Sie die beiden Silben gespielt haben, müssen Sie das Ganze spielen: „Bagpipe".

Bevor Sie mit der Scharade beginnen, sollten Sie vereinbaren, wer das Scharadewort oder die Scharadesilbe einbringen soll. Sie müssen auch festlegen, was Sie sagen werden oder zumindest, worum es in der Nummer geht. Überlegen Sie sich jede Szene gut und halten Sie sie so kurz wie möglich. Sie müssen zwischen den Nummern so schnell wie möglich sein, denn der ganze Spaß ist verdorben, wenn Sie Ihr Publikum warten lassen. Wenn Sie keinen Vorhang oder keine Leinwand haben, müssen die Schauspieler am Ende der Szenen einfach von der Bühne gehen.

Um Scharade gut zu spielen, braucht man ein wenig Übung und jede Menge gute Laune, denn natürlich können nur ein oder zwei die Hauptrollen übernehmen, und deshalb müssen sich einige der Kinder mit den kleineren Rollen zufrieden geben. Es ist eine gute Idee, sich mit den besten Rollen abzuwechseln, und wenn die älteren Kinder nett und aufmerksam sind, werden sie versuchen, ein paar einfache kleine Rollen zu spielen, damit auch ihre jüngeren Brüder und Schwestern mitmachen können. Hier zeigen wir Ihnen eine sehr einfache Scharade, deren Worte Sie lernen und dann spielen können. Danach werden Sie höchstwahrscheinlich in der Lage sein, selbst Scharade zu spielen.

Die „Band-Box"-Scharade

Szene 1: Eine Straße

Dies kann dadurch erreicht werden, dass man eine Reihe von Stühlen mit offenen Rückenlehnen in der Nähe der dem Publikum zugewandten Wand aufstellt. Hinter jedem Stuhl stellt sich ein Kind hin, das durch die offene Rückenlehne blickt und so tut, als würde es aus einem Fenster schauen.

BAND

Erstes Kind hinter dem Stuhl. – Ach, wie langweilig ist unsere Straße immer. Ich schwöre, hier kommt nie etwas Schönes vor.

Zweites Kind. – Nein, ich stimme Ihnen vollkommen zu. Ich habe seit Monaten kein „Punch and Judy" mehr gesehen. Ich wünschte, meine Mutter würde in eine andere Straße ziehen.

Drittes Kind: Macht nichts, lass uns rausgehen und ein Spiel spielen.

(Geben Sie fünf oder sechs Kinder ein – oder weniger, wenn es praktischer ist – die Spielzeug-Musikinstrumente tragen.)

Erstes Kind. – Hurra! Da kommt eine deutsche Kapelle. Kommt, Kinder, wir wollen hingehen und ihr zuhören.

(Die Kapelle versammelt sich am Ende der Straße, und die Kinder stehen rundherum. Nach dem Stimmen beginnt die Kapelle zu spielen.)

Zweites Kind.—Jetzt können wir tanzen, Mary Jane. Ich tanze mit dir.

Drittes Kind. – Nein, ich möchte mit Mary Jane tanzen.

Erstes Kind: Ich möchte überhaupt nicht tanzen.

Zweites Kind. – Das musst du.

Drittes Kind. – Ja, das musst du.

(Die Kapelle hört auf zu spielen und einer der Kapellenmitglieder kommt vorbei und bittet um Geld.)

Erstes Kind: Ich habe kein Geld.

Zweites Kind. – Aber wir haben noch nicht angefangen zu tanzen.

Musiker.— Dann hätten Sie nicht so lange diskutieren sollen. Sie werden der Band doch sicher einen Nickel geben, nach all der schönen Musik, die sie gespielt hat?

Erstes Kind: Das werde ich nicht.

Zweites Kind. – Werde ich nicht.

Drittes Kind. – Und das werde ich nicht.

Musiker: – Das sind aber gemeine Leute. Kommen Sie mit. (Winkt dem Rest der Band zu.) Wir gehen, und es wird lange dauern, bis wir wieder auf diese Straße kommen.

(Der Vorhang fällt.)

KASTEN

Szene 2: Ein Zimmer

Tommy (hüpft im Zimmer auf und ab und wedelt mit einem Brief in der Hand.) – Hurra! Hurra! Onkel Dick kommt. Hurra! Hurra!

(Tommys Bruder und Schwester sowie Papa und Mama kommen herein.)

Papa. – Was ist los, Tommy?

Tommy. – Onkel Dick hat geschrieben, dass er kommt, um Weihnachten mit uns zu verbringen, und er bringt mir ein Weihnachtspaket mit.

Mama. – Wie nett von ihm! Aber pass auf, dass du ihn nicht beleidigst, Tommy. Er ist ein ziemlich empfindlicher alter Herr.

Schwester. – Ich frage mich, was es sein wird, Tommy.

Bruder. – Ich hoffe, es wird ein Cricket-Set, und dann können wir im Sommer Cricket spielen.

Tommy: Oh ja, das hoffe ich, aber was immer es auch ist, es wird bestimmt etwas Schönes.

(Fängt wieder an, herumzuhüpfen. Onkel Dick kommt herein, ein sehr alter Herr mit einem Gichtfuß. Tommy sieht ihn nicht und stößt mit ihm zusammen, wobei er auf seinen Gichtfuß tritt.)

Onkel Dick. – Oh! oh! oh! oh, mein Zeh!

Tommy.—Oh! Pass nicht auf deinen Zeh auf! Wo ist meine Weihnachtskiste?

Onkel Dick. – Deine Weihnachtsbox, du junger Schlingel! Denk an meinen Zeh.

Tommy. – Bitte, Onkel, es tut mir sehr leid, aber ich möchte unbedingt wissen, was du mir für ein Weihnachtspaket mitgebracht hast.

Onkel Dick (brüllend): Hier ist dein Weihnachtspaket. Es wird dich lehren, in Zukunft vorsichtiger zu sein. (Schlagt Tommy auf die Ohren.)

(Der Vorhang fällt.)

Hier ist eine Liste von Wörtern, die sich leicht in Scharade-Wörter unterteilen lassen:

Brautjungfern. Am Meer. Autowerkstatt.

Kurzhaar. Schnulze. Indo-lent.

Handarbeit. Schlüsselfertig. Schön.

Schlüsselloch. Eisenbahn. Liebling.

Port-Mann-Teau (Zehe). Verrückte Mütze. Fülle.

In-no-cent. Fingerhut. Pat-riot.

Damit Ihre Scharade ein echter Erfolg wird, benötigen Sie natürlich einen Vorhang. Mit etwas Mühe und geringen Kosten lässt sich ein sehr wirkungsvoller Vorhang herstellen; vielleicht haben Sie die Materialien sogar schon zu Hause.

Zuerst müssen Sie an beiden Seiten des Raumes ein paar Halterungen anbringen. Achten Sie dabei darauf, dass diese fest in die Wand geschraubt werden, und achten Sie darauf, die Tapete nicht zu beschädigen.

Wer ordentlich handwerklich geschickt ist, wird beim Herausdrehen der Schrauben feststellen, dass die beiden kleinen Schraublöcher auf jeder Seite kaum auffallen, da die Stützen ja in Deckennähe befestigt werden müssen.

Anschließend müssen Sie Ihre Gardinenstange anbringen. Diese sollte möglichst dünn sein, damit die Ringe gut laufen können. Eine billige Bambusstange ist am besten geeignet.

Es werden zwei breite, tiefe Vorhänge benötigt, höchstwahrscheinlich reichen Kinderzimmervorhänge aus.

An diese Vorhänge näht man eine Anzahl kleiner Messingringe, die man für etwa 20 Cent pro Dutzend oder sogar weniger kaufen kann. Die Ringe sollten, wie in der Abbildung zu sehen, quer über die gesamte Oberseite und von der äußersten oberen Ecke des Vorhangs schräg zur Mitte hin auf die Vorhänge genäht werden.

Die oberen Ringe werden an der Gardinenstange entlanggeführt, eine Schnur (in der Abbildung mit A1 markiert) wird an den Vorhang genäht und durch die Ringe bis zu A2 geführt. Anschließend wird sie durch die Ringe an der Stange bis zu A3 geführt und dann losgelassen.

Die gleiche Anordnung wird mit der Schnur B durchgeführt. Die Unterseite des Vorhangs muss mit Schrot oder anderen geeigneten Gewichten beschwert werden.

Wenn sich der Vorhang heben soll, stehen der Bühnenmanager und sein Assistent mit den Fäden in den Händen auf beiden Seiten der Bühne, und auf ein bestimmtes Signal hin – das Läuten einer Glocke ist normalerweise das Zeichen, dass alles bereit ist – ziehen sie jeweils an einem Faden, und der Vorhang gleitet zu beiden Seiten und kann an Haken befestigt werden, die eigens aufgehängt wurden.

Wenn der Vorhang fallen soll, müssen die beiden dafür Verantwortlichen einfach die Fäden lösen und loslassen, und die Gewichte sorgen dafür, dass der Vorhang in die Mitte fällt.

Alle möglichen nützlichen und dekorativen „Objekte" können zu Hause für sehr geringe Kosten hergestellt werden. Karton, Gold- und Silberpapier und Klebstoff tragen wesentlich dazu bei, ein gutes Bild zu erzeugen.

Aus diesen nützlichen Materialien können Schwerter, Kronen, Gürtel und mit Gold besetzte und goldgesäumte Gewänder hergestellt werden, die aus der Ferne erstklassig aussehen.

Ein altes schwarzes Kleid mit kleinen, auf den Stoff geklebten oder gummierten goldenen Sternen wäre ein hervorragendes Kleid für eine Königin. Die Schwerter oder Gürtel müssen zuerst aus Karton ausgeschnitten und dann mit Gold- oder Silberpapier überzogen werden.

Um eine gute Perücke herzustellen, sollten Sie ein Stück Kattun so formen, dass es auf den Kopf passt; dann sollten Sie es rundherum mit Feuerspänen oder Werg benähen. Wenn Sie eine lockige Perücke haben möchten, ist es eine gute Idee, die Späne oder den Werg fest um ein Lineal zu wickeln und mit einem Rückstich festzuheften, der die Locke in Position hält, nachdem Sie sie vom Lineal gezogen haben. Diese wenigen Hinweise geben Ihnen eine Vorstellung von den vielen verschiedenen Kostümen, die Kinder aus den einfachsten Materialien herstellen können.

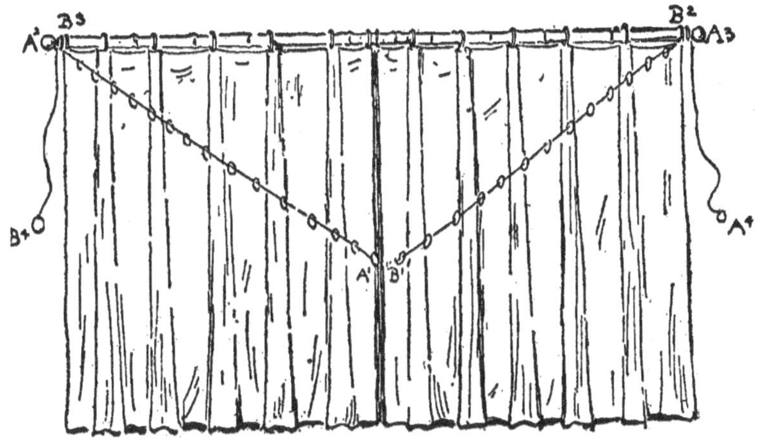

DER VORHANG GESCHLOSSEN

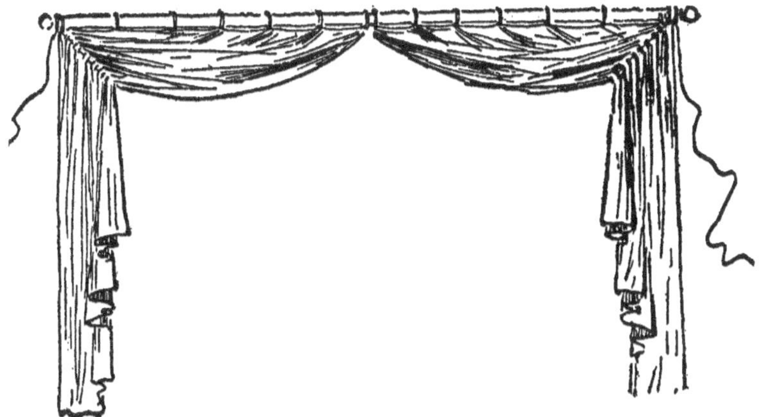

Der Vorhang öffnete sich

Das Katzenspiel

Die Person, die die Rolle der Katze spielen soll, sollte vor der Tür des Raumes stehen, in dem sich die Gruppe versammelt. Die Jungen und Mädchen kommen der Reihe nach auf die andere Seite der Tür und rufen „Miaou". Wenn die Katze draußen am Schrei eine Freundin erkennt und ihren Namen richtig zurückruft, darf sie in den Raum kommen und sie umarmen, und diese nimmt dann den Platz der Katze ein. Wenn die Katze die Stimme hingegen nicht erkennt, wird sie angezischt und bleibt draußen, bis sie sie erkennt.

Lebende Bilder

Lebende Bilder sind sehr unterhaltsam, wenn sie gut gemacht sind, und selbst mit wenig Vorbereitung können sie sehr hübsch oder sehr komisch gemacht werden, je nachdem, was man möchte. Es ist vielleicht besser, komische zu versuchen, wenn Sie nicht viel Zeit haben, sie zu arrangieren, da die Kostüme im Allgemeinen leichter zu handhaben sind, und wenn Sie gezwungen sind, Kleidungsstücke zu verwenden, die nicht ganz zu den Charakteren passen, macht das nicht viel aus; tatsächlich wird es das Publikum wahrscheinlich nur ein wenig mehr zum Lachen bringen.

Das Tolle an lebenden Bildern ist, während der Aufführung vollkommen still zu bleiben. Sie sollten mehrere bekannte Szenen aus der Geschichte oder aus der Fiktion auswählen und die Schauspieler dann so anordnen, dass sie die Szenen so genau wie möglich darstellen.

Einfache Bilder aus dem häuslichen Leben sind eine große Quelle des Vergnügens, und so mancher verregnete Nachmittag vergeht wie im Flug, während man Szenen arrangiert und Kleider bastelt . Masken aus Zeitungspapier, Dreispitzhüte aus Zeitungspapier, alte Schals, Morgenmäntel und Stöcke reichen für Scharade zu Hause vollkommen aus.

Nehmen wir zum Beispiel an, Sie denken für ein Tableau an „Aschenputtel". Ein Mädchen könnte mit buntem Seidenpapier über ihrem Kleid und Papierblumen im Haar dastehen, um eine der stolzen Schwestern darzustellen, während Aschenputtel in einem zerrissenen Kleid die Schleppe der anderen stolzen Schwester ordnet, die aus einem alten Schal bestehen könnte. Die Schwester sollte Sträuße aus Papierblumen in den Händen halten.

„Rotkäppchen" ist ein weiteres beliebtes Motiv für ein lebendes Bild. Der Wolf kann durch einen Jungen auf Händen und Knien dargestellt werden, über den eine Felldecke geworfen ist. Rotkäppchen braucht nur einen scharlachroten Schal, der als Kapuze und Umhang über ihrem normalen Kleid und ihrer Schürze angebracht ist, und sie sollte einen Blumenstrauß und einen Korb tragen.

Alle lebenden Bilder sehen besser aus, wenn man einen Rahmen dafür hat. Es ist nicht sehr schwierig, einen Rahmen anzufertigen, insbesondere wenn man vier große Kleiderkartons aus Karton hat.

Nachdem Sie die Böden der Kisten sorgfältig ausgeschnitten haben, platzieren Sie die Rahmen wie hier gezeigt:

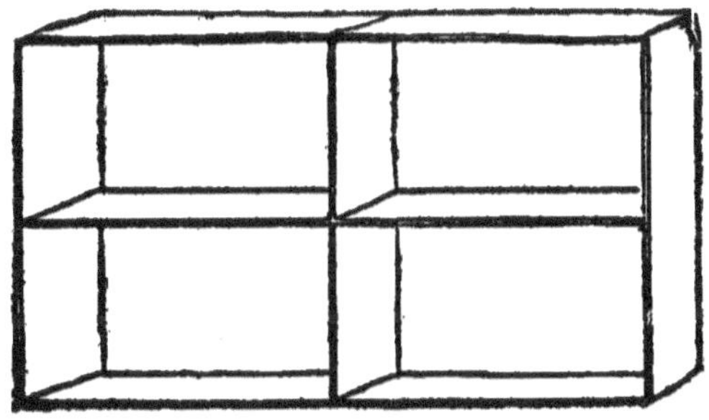

Schneiden Sie den mittleren Rahmen aus und lassen Sie ein großes Quadrat übrig, so:

Anschließend müssen Sie die vier Teile zusammenkleben, indem Sie auf beiden Seiten der Verbindungen Karton aufkleben. So erhalten Sie einen sehr schönen Rahmen, den Sie mit farbigem Papier bedecken oder mit Musselin verzieren können.

Dieser Rahmen hält bei sorgfältiger Behandlung sehr lange. Er sollte von alleine aufrecht stehen; wenn er aber etwas wackelig ist, ist es besser, ihn seitlich aufrecht zu halten. Natürlich wird dadurch nur ein sehr kleiner

Rahmen, aber Sie können ihn durch die Verwendung weiterer Kartons vergrößern.

Wenn Sie keine Zeit haben, einen Rahmen anzufertigen, ordnen Sie Ihre Figuren in der Nähe einer Tür außerhalb des Raums an, in dem das Publikum sitzt.

Wenn alles fertig ist, muss jemand die Tür öffnen, sodass der Türrahmen eine Art Rahmen für das lebendige Bild bildet.

Es ist immer gut, wenn möglich einen Vorhang zu haben; ein Laken eignet sich hervorragend dafür. Zwei Kinder, die auf Stühlen stehen, halten ihn auf jeder Seite hoch und lassen ihn auf ein bestimmtes Zeichen auf den Boden fallen, so dass der Vorhang nicht aufgeht, sondern herunterfällt. Wenn er heruntergefallen ist, sollten die beiden Kleinen die Ecken des Lakens wieder in die Hand nehmen, so dass sie nur auf die Stühle springen müssen, wenn es Zeit ist, das Bild zu verstecken.

Natürlich gelten diese Anweisungen nur für lebende Bilder in sehr kleinem Maßstab. Wenn die Aufführung nicht vor einem „Heimpublikum" stattfinden soll, sind weitaus umfangreichere Vorkehrungen erforderlich.

Wie ich Ihnen bereits sagte, sind komische Lebende Bilder am einfachsten auszuführen, da die Kleider leichter zu machen sind, aber es gibt andere Lebende Bilder, die noch einfacher sind und viel Spaß und Heiterkeit verursachen. Sie sind wirklich ein Kinderspiel und so einfach, dass sogar sehr kleine Kinder sie hinbekommen.

Sie können ein Programm zusammenstellen und ein halbes Dutzend Kopien anfertigen, um es an das Publikum zu verteilen.

Das erste lebendige Bild auf der Liste ist „Der Untergang Griechenlands" und klingt in der Tat sehr großartig; doch wenn sich der Vorhang hebt (oder, wenn es sich um den Lakenvorhang handelt, fällt), sieht das Publikum eine brennende Kerze, die ziemlich schief in einem Kerzenständer steht und vom Hintergrund aus so ausgebreitet wird, dass das Fett heruntertropft.

Hier sind einige andere ähnliche komische Tableaus, die Sie leicht vor einem Publikum präsentieren können:

„Treffen der Hunde." – Ein Stapel Hundekuchen.

„Blick auf das Schwarze Meer." – Ein großes, mit Tinte geschwärztes C.

„Der Angriff der Leichten Brigade." – Ein halbes Dutzend Streichholzschachteln mit der Aufschrift: „10 Cent das Ganze."

Dies sind nur einige der vielen komischen lebendigen Bilder, die Sie aufführen können; aber Ihnen fallen bestimmt noch weitere ein.

Sprichwörter zum Thema Handeln

Die beste Art, dieses Spiel zu spielen, besteht darin, dass sich die Spieler in zwei Gruppen aufteilen, nämlich Schauspieler und Publikum. Jeder der Schauspieler sollte sich dann auf ein Sprichwort festlegen, das er der Reihe nach vor dem Publikum vorträgt. Angenommen, einer der Spieler hat das Sprichwort „Ein schlechter Arbeiter hadert mit seinem Werkzeug" gewählt, dann sollte er in den Raum gehen, in dem das Publikum sitzt, und dabei eine Tasche mit sich tragen, in der sich eine Säge, ein Hammer oder ein anderes Werkzeug oder Gerät befindet, das ein Arbeiter benutzt. Dann sollte er sich umsehen und einen Stuhl oder einen anderen Gegenstand finden, von dem er vorgibt, dass er repariert werden muss. Dann sollte er den Arbeiter spielen, indem er seinen Mantel auszieht, die Ärmel hochkrempelt und mit der Arbeit beginnt, wobei er oft sein Werkzeug fallen lässt und die ganze Zeit über darüber schimpft.

Wenn dieses Spiel gut gespielt wird, kann es sehr unterhaltsam sein. Manchmal muss das Publikum jedes Mal eine Strafe zahlen, wenn es das Sprichwort nicht erraten kann.

Sprichwörter schreien

Dies ist ein ziemlich lautes Spiel. Einer aus der Gruppe geht vor die Tür, und während seiner Abwesenheit wird ein Sprichwort ausgewählt und jedem Mitglied der Gruppe ein Wort davon gegeben. Wenn der Spieler, der draußen war, wieder in den Raum kommt, zählt einer aus der Gruppe „Eins, zwei, drei", und dann rufen alle Mitglieder der Gruppe gleichzeitig das Wort, das ihm oder ihr von dem ausgewählten Sprichwort gegeben wurde.

Wenn mehr Spieler anwesend sind, als das Sprichwort Wörter enthält, müssen zwei oder drei von ihnen dasselbe Wort haben. Die Wirkung, wenn die ganze Gesellschaft gemeinsam schreit, ist sehr lustig. Es ist lediglich erforderlich, dass der Ratende gut zuhört; dann wird er ziemlich sicher hier und da ein Wort aufschnappen, das ihm den Schlüssel zum Sprichwort verrät.

Sprichwörter

Dies ist ein sehr interessantes Spiel und kann von einer großen Anzahl von Personen gleichzeitig gespielt werden. Angenommen, es sind zwölf Personen anwesend, dann wird eine aus dem Raum geschickt, während die anderen ein Sprichwort auswählen. Wenn dies geschehen ist, darf der „Rater" hereinkommen und jeder Person einzeln eine Frage stellen. In der Antwort muss, egal welche Frage gestellt wird, ein Wort des Sprichworts genannt werden. Zur Veranschaulichung nehmen wir „Besser ein Spatz in der Hand als eine Taube auf dem Dach."

1. John muss in seiner Antwort das Wort „A" verwenden.

2. Gladys muss in ihrem das Wort „Vogel" verwenden.

3. Nellie muss in ihrem das Wort „in" verwenden.

4. Tommy muss in seinem das Wort „der" verwenden.

5. Estelle muss in ihrem das Wort „Hand" verwenden.

6. Ivy muss in ihrem das Wort „ist" verwenden.

7. Wilfrid muss in seinem das Wort „wert" verwenden.

8. Lionel muss in seinem das Wort „zwei" verwenden.

9. Vera muss in ihrem das Wort „in" verwenden.

10. Bertie muss in seinem das Wort „der" verwenden.

11. Harold muss in seinem das Wort „Busch" verwenden.

Der Spaß wird größer, wenn die Antworten schnell und ohne dass das spezielle Wort auffällt gegeben werden. Es kommt oft vor, dass der „Rater" seine Kräfte mehrere Male testen muss, bevor er Erfolg hat. Derjenige, der mit einer falschen Antwort den Hinweis gibt, wird wiederum Rater und muss dann den Raum verlassen, während ein anderes Sprichwort gewählt wird.

Hier ist eine Liste von Sprichwörtern:

Ein schlechter Arbeiter streitet mit seinen Werkzeugen.

Besser den Spatz in der Hand als die Taube auf dem Dach.

Eine Katze schaut vielleicht auf einen König.

Schmerzende Zähne sind kranke Mieter.

Eine knarrende Tür hängt lange in den Angeln.

Ein Ertrinkender klammert sich an einen Strohhalm.

Setzen Sie sich nach dem Essen eine Weile hin und gehen Sie nach dem Abendessen eine Meile spazieren.

Ein Freund in der Not ist ein wirklicher Freund.

Ein guter Diener ist ein guter Herr.

Ein gutes Wort ist ebenso schnell ausgesprochen wie ein böses.

Ein kleines Leck kann ein großes Schiff versenken.

Nicht alle sind Freunde, die fair mit uns reden.

Nicht jeder, der ins Horn bläst, ist ein Jäger.

Alles, was ins Netz geht, ist Fisch.

Es ist nicht alles Gold was glänzt.

Nur Arbeit und kein Vergnügen macht Jack zu einem langweiligen Jungen.

Ein Krug geht oft zum Brunnen, wird aber am Ende zerbrochen.

Ein rollender Stein setzt kein Moos an.

Ein kleiner Funke macht ein großes Feuer.

Gleich getan ist viel gespart.

Wie man sich bettet, so liegt man.

Wer Wind säht wird Sturm ernten.

Einen Baum erkennt man an seinen Früchten.

Ein eigensinniger Mann wird seinen Willen durchsetzen.

Ein williger Geist macht einen leichten Fuß.

Ein Wort davor ist besser als zwei Worte dahinter.

Eine Belastung, die man wählt, wird nicht gespürt.

Bettler haben kein Recht auf Auswahl.

Versprechen Sie nicht zu lange, aber halten Sie sich schnell an die Vorgaben.

Besser spät als nie.

Besser biegen als brechen.

Gleich und gleich gesellt sich gern.

Fürsorge ist der Katzenkiller.

Fangen Sie den Bären, bevor Sie sein Fell verkaufen.

Wohltätigkeit beginnt zu Hause, endet dort jedoch nicht.

Schneiden Sie Ihren Mantel passend zu Ihrem Stoff.

Was du nicht möchtest, dass man dir tut, das füg auch keinem zu.

Sagen Sie nicht „Hallo", bis Sie aus dem Wald sind.

Sporen Sie ein williges Pferd nicht an.

Früh zu Bett gehen und früh aufstehen macht einen Mann gesund, wohlhabend und weise.

Leere Gefäße machen den größten Lärm.

Genug ist so gut wie ein Fest.

Faint Herz gewann nie Fair Lady.

Schöne Federn machen schöne Vögel.

Schöne Worte: Butter, keine Pastinaken.

Feuer und Wasser sind gute Diener, aber schlechte Herren.

Alles ergreifen, alles verlieren.

Ein halbes Brot ist besser als kein Brot.

Schön ist, wer schön tut.

Glücklich ist das Werben, das nicht lange auf sich warten lässt.

Wer sich etwas leiht, wird traurig sein.

Wer sich versteckt, ist ein guter Finder.

Zuhause bleibt Zuhause, auch wenn es noch so heimelig ist.

Ehrlichkeit währt am Längsten.

Wenn Wünsche Pferde wären, würden Bettler reiten.

Es ist ein böser Wind, der niemandem Gutes bringt.

Es ist nie zu spät um zu lernen.

Es ist nicht die Kapuze, die einen Mönch ausmacht.

Es ist eine lange Gasse ohne Abzweigungen.

Es ist ein gutes Pferd, das nie stolpert.

Es ist ein trauriges Herz, das sich nie freut.

Krankes Unkraut wuchert schnell.

Behalten Sie eine Sache sieben Jahre lang, und Sie werden eine Verwendung dafür finden.

Zwei Fliegen mit einer Klappe schlagen.

Faule Leute geben sich die größte Mühe.

Lass schlafende Hunde liegen.

Lass diejenigen lachen, die gewinnen.

Heu machen, während die Sonne scheint.

Viele wahre Worte werden im Scherz gesagt.

Viele Hände machen der Arbeit schnell ein Ende.

Heirate in Eile und bereue es in Ruhe.

Einem geschenkten Gaul schaut man nicht ins Maul.

Notwendigkeit ist die Mutter der Erfindung.

Alte Vögel dürfen nicht mit Spreu gefangen werden.

Alte Freunde und alter Wein sind am besten.

Eine Schwalbe macht noch keinen Frühling und eine Waldschnepfe noch keinen Winter.

Wer im Glashaus sitzt, sollte niemals mit Steinen werfen.

Besitz betrifft neun Punkte des Gesetzes.

Aufschub ist der Dieb der Zeit.

Kurze Abrechnung schafft lange Freunde.

Sicher binden, sicher finden.

Schmiede das Eisen so lange es heiss ist.

Kümmern Sie sich um die Pfennige, und die Dollars werden auf sich selbst aufpassen.

Je mehr, desto besser, und je weniger, desto besser.

Die dunkelste Stunde ist kurz vor Tagesanbruch.

Die Frau des Schusters trägt die schlechtesten Schuhe.

Da passiert so manchem ein Versehen.

Jede Wolke hat einen Silberstreifen.

Wer mit Schneidewerkzeugen spielt, muss mit Schnittverletzungen rechnen.

Zeit und Gezeiten warten auf niemanden.

Zu viele Köche verderben den Brei.

Einigkeit macht stark.

Wer nicht verschwendet, dem fehlt es an nichts.

Was das Auge nicht sieht, bedauert das Herz nicht.

Wenn es zu Auseinandersetzungen zwischen den Schurken kommt, bekommen die Ehrlichen ihr Unrecht.

Wenn die Katze aus dem Haus ist, tanzen die Mäuse auf dem Tisch.

Vorsätzliche Verschwendung führt zu großer Not.

Sie können nicht beides gleichzeitig essen und behalten.

Die Abenteurer

Dies ist ein sehr gutes Spiel, das sowohl lehrreich als auch unterhaltsam ist. Die Idee ist, dass sich die Gruppe als eine Gruppe von Reisenden vorstellt, die sich auf eine Reise in fremde Länder begeben. Gute Kenntnisse der Geographie sind erforderlich, außerdem eine Vorstellung von den Manufakturen und Bräuchen der fremden Länder, die besucht werden sollen. Wenn man sich über den Standort des Ortes nicht ganz sicher ist, kann man auch eine Karte zu Rate ziehen.

Nachdem ein Startort festgelegt wurde, macht sich der erste Spieler auf die Reise. Er teilt der Gruppe mit, welchen Ort er (in seiner Vorstellung) besuchen möchte und mit welchem Fortbewegungsmittel er reisen möchte. Am Ziel angekommen, gibt der Spieler an, was er kaufen möchte und wem er seinen Einkauf nach der Rückkehr schenken möchte.

Dies mag sehr einfach erscheinen, ist aber bei weitem nicht so einfach, wie es scheint. Der Spieler muss einige Kenntnisse über das Land haben, in das er reist, die Art und Weise, wie er reist, und die Zeit, die er für die Reise benötigt. Um ein Beispiel zu nennen: Es reicht nicht aus, wenn der Spieler angibt, dass er nach Grönland fährt, um Ananas zu kaufen, oder nach Florida, um Pelze zu besorgen. Ebenso wenig reicht es aus, wenn er einer Dame eine Meerschaumpfeife oder einem Herrn einen Kaschmirschal schenkt.

Das Spiel macht noch mehr Spaß, wenn für alle Fehler Strafen verhängt werden.

Das Spiel geht weiter und der zweite Spieler muss dort beginnen, wo der erste aufgehört hat. Natürlich hängt alles von der Vorstellungskraft oder der Erfahrung des Spielers ab; wenn er schon viel gereist ist oder viel gelesen hat, sollten seine Beschreibungen sehr interessant sein.

Postman's Knock

Ein Spieler beginnt das Spiel, indem er den Raum verlässt und dann zweimal (oder wie ein Postbote) an die Tür klopft. Dann ist es die Aufgabe eines anderen Spielers, im Raum an der Tür zu stehen, auf die Klopfzeichen zu antworten und den Postboten zu fragen, für wen er einen Brief hat. Der Postbote nennt ein Mitglied der Gruppe, normalerweise vom anderen Geschlecht. Dann wird er gefragt: „Wie viele Cents sind zu zahlen?" Vielleicht sagt er „sechs". Die Person, für die der Brief bestimmt ist, muss ihn dann mit Küssen statt mit Cents bezahlen. Danach muss er oder sie als Postbote an der Reihe sein.

„Unsere alte Oma mag keinen Tee."

Alle Spieler sitzen in einer Reihe, bis auf einen, der vor ihnen sitzt und nacheinander zu jedem sagt: „Unsere Oma mag T nicht, was kannst du ihr stattdessen geben?"

Vielleicht antwortet der erste Spieler mit „Kakao", und das ist richtig; wenn der zweite Spieler aber „Schokolade" sagt, muss er eine Strafe zahlen, weil in Schokolade ein „T" vorkommt. Das ist wirklich ein Haken, denn zunächst denkt jeder, dass „Tee" statt des Buchstabens „T" gemeint ist. Selbst wenn der Trick herausgefunden wurde, kann man sich sehr leicht verplappern, da die Spieler antworten müssen, bevor „fünf" gezählt wird; wenn sie das nicht können oder wenn sie ein Lebensmittel nennen, das den Buchstaben „T" enthält, müssen sie eine Strafe zahlen.

„Ich liebe meine Liebe mit einem A."

Um dieses Spiel zu spielen, stellen sich die Spieler am besten in einem Halbkreis im Raum auf. Dann beginnt einer: „Ich liebe meine Liebste mit einem ‚A', weil sie liebevoll ist; ich hasse sie mit einem ‚A', weil sie listig ist. Ihr Name ist Alice, sie kommt aus Alabama und ich habe ihr eine Aprikose geschenkt." Der nächste Spieler sagt: „Ich liebe meine Liebste mit einem ‚B', weil sie hübsch ist; ich hasse sie mit einem ‚B', weil sie prahlerisch ist. Ihr

Name ist Bertha, sie kommt aus Boston und ich habe ihr ein Buch geschenkt." Der nächste Spieler nimmt ein „C" und der nächste ein „D" und so weiter durch alle Buchstaben des Alphabets.

Folgen

Eines der beliebtesten Partyspiele ist sicherlich „Konsequenzen". Es ist ein sehr altes Lieblingsspiel, hat aber mit der Zeit nichts von seinem Charme verloren. Die Spieler sitzen im Kreis. Jeder erhält ein halbes Blatt Papier und einen Bleistift und wird gebeten, darauf (1) ein oder mehrere Adjektive zu schreiben und dann das Papier umzufalten, so dass das Geschriebene nicht zu sehen ist. Jeder Spieler muss sein Blatt an den rechten Nachbarn weitergeben und alle müssen dann auf das Blatt, das der linke Nachbar weitergegeben hat, (2) „den Namen des Herrn" schreiben. Nachdem dies getan ist, muss das Blatt erneut gefaltet und wie zuvor weitergegeben werden. Diesmal muss Folgendes geschrieben werden: (3) ein oder mehrere Adjektive; dann (4) der Name einer Dame; als nächstes (5), wo sie sich kennengelernt haben; als nächstes (6), was er ihr gegeben hat; als nächstes (7), was er zu ihr gesagt hat; als nächstes (8), was sie zu ihm gesagt hat; als nächstes (9) die Konsequenz; und schließlich (10), was die Welt dazu gesagt hat.

Achten Sie darauf, dass jedes Mal, wenn etwas geschrieben wurde, der Zettel zusammengefaltet und an den Spieler rechts von Ihnen weitergegeben wird. Wenn jeder geschrieben hat, was die Welt sagt, werden die Zettel eingesammelt und einer aus der Gruppe beginnt, die verschiedenen Zettel vorzulesen. Das Ergebnis kann ungefähr so aussehen:

(1) Der schreckliche und entzückende (2) Mr. Brown (3) traf die bezaubernde (4) Miss Philips (5) im Lincoln Park; (6) er gab ihr eine Blume (7) und sagte zu ihr: „Wie geht es deiner Mutter?" (8) Sie sagte zu ihm: „Nicht für Joseph." (9) die Folge war, dass sie Hornpipe tanzten, und die Welt sagte (10): „Genau das, was wir erwartet haben."

Erde, Luft, Feuer und Wasser

Um dieses Spiel zu spielen, setzt euch in einen Kreis, nehmt einen sauberen Staubwedel oder ein Taschentuch und bindet es zu einem großen Knoten, damit es leicht von einem Spieler zum anderen geworfen werden kann. Einer der Spieler wirft es zum anderen und ruft dabei einen dieser Namen: Erde, Luft, Feuer oder Wasser. Wenn „Erde" gerufen wird, muss der Spieler, dem der Ball zugeworfen wird, etwas nennen, das auf der Erde lebt, wie Löwe, Katze; wenn „Luft" gerufen wird, muss er etwas nennen, das in der Luft lebt; wenn „Wasser" gerufen wird, muss er etwas nennen, das im Wasser lebt; aber wenn „Feuer" gerufen wird, muss der Spieler schweigen. Denken Sie immer daran, keine Vögel ins Wasser oder Tiere oder Fische in die Luft zu setzen; schweigen Sie, wenn „Feuer" gerufen wird, und antworten Sie, bevor zehn gezählt werden kann. Für das Brechen einer dieser Regeln muss eine Strafe gezahlt werden.

Crambo

Einer aus der Gruppe verlässt den Raum und wird bei seiner Rückkehr gebeten, ein Wort zu finden, das die anderen Spieler in seiner Abwesenheit gewählt haben. Um ihm dabei zu helfen, wird ein anderes Wort genannt, das sich auf das zu erratende Wort reimt. Der Ratende kann dann Fragen stellen und alle Spieler müssen als letztes Wort ihrer Antwort ein anderes Wort nennen, das sich auf das gewählte Wort reimt. Nehmen wir beispielsweise an, das Wort „way" wird gewählt. Dem Ratenden wird dann gesagt, dass sich das gewählte Wort auf „say" reimt. Er könnte dann den ersten aus der Gruppe fragen: „Wie gefällt Ihnen das Wetter?" und die Antwort könnte sein: „Wir hatten einen schönen Tag." Die zweite Frage könnte sein: „Hat es

Ihnen gefallen?" und die Antwort könnte sein: „Ja, ich habe viel gespielt."
Das Spiel würde auf diese Weise fortgesetzt, bis der Ratende die richtige
Antwort gegeben hat oder einer aus der Gruppe den richtigen Reim nicht
angeben konnte. In diesem Fall wird der Letztere aufgefordert, den Platz des
Ratenden einzunehmen.

Verloren und gefunden

Ein sehr ähnliches Spiel wie „Consequences" ist „Lost and Found", das auf
genau dieselbe Weise gespielt wird, die Fragen sind jedoch ganz anders: (1)
Verloren, (2) von wem, (3) zu welcher Zeit, (4) wo, (5) gefunden von, (6) in
welchem Zustand, (7) zu welcher Zeit, (8) die Belohnung.

Die Antworten könnten etwa wie folgt lauten: (1) Eine Briefmarke wurde
verloren, (2) von Schwester Jane, (3) um drei Uhr morgens, (4) in St. Louis,
(5) sie wurde von einem Polizisten gefunden, (6) in ziemlich
mitgenommenem Zustand, (7) beim Abendessen; (8) die Belohnung war ein
Kuss.

"Tier, Pflanze oder Mineral?"

Dies ist ein hervorragendes Spiel für eine große Gesellschaft, da es sowohl
lehrreich als auch unterhaltsam ist. Zwei Seiten werden ausgewählt, und man
muss erraten, welches Wort oder welchen Satz der Rest der Gesellschaft
gewählt hat. Sie gehen aus dem Raum, und wenn das Thema festgelegt
wurde, kehren sie zurück und stellen der anderen Seite der Reihe nach eine
Frage. Die Antwort muss entweder „Ja" oder „Nein" sein, und in keinem
Fall dürfen mehr Wörter verwendet werden, da sonst eine Strafe droht. Der
erste wichtige Punkt, der herausgefunden werden muss, ist, ob das Thema
„Tier", „Gemüse" oder „Mineral" ist. Angenommen, das gewählte Thema
ist beispielsweise eine Katze, die im Zimmer neben dem Kamin schläft, dann
könnten die Fragen und Antworten wie folgt lauten: „Ist das gewählte Thema
ein Tier?" „Ja." „Wildtier?" „Nein." „Haustier?" „Ja." „Gewöhnlich?" „Ja."
„Gibt es in dieser Stadt viele zu sehen?" „Ja." „Haben Sie heute viele
gesehen?" „Ja." „In diesem Haus?" „Nein." „Haben Sie viele auf der Straße
gesehen?" „Ja." „Ziehen sie Karren?" „Nein." „Werden sie für
Arbeitszwecke verwendet?" „Nein." „Ist das Thema ein Haustier?" „Ja."
„Haben sie eines im Haus?" „Ja." „In diesem Zimmer?" „Ja." „Liegt es im
Moment vor dem Kamin?" „Ja." „Ist das Thema, an das Sie alle gedacht
haben, die Katze, die in diesem Zimmer vor dem Kamin liegt?" „Ja."
Nachdem das Thema erraten wurde, wird ein anderes ausgewählt und das
Spiel geht weiter. Die Fragen sind auf zwanzig begrenzt, aber es ist kaum
jemals notwendig, diese Zahl zu verwenden.

Jage den Pantoffel

Die Spieler setzen sich in einem Kreis auf den Boden und wählen einen aus, der außerhalb des Kreises bleibt. Die Kinder, die auf dem Boden sitzen, sollen Schuster sein, und derjenige, der draußen sitzt, ist der Kunde, der seinen Schuh zum Reparieren gebracht hat. Er gibt ihn einem von ihnen und sagt:

„Schuster, Schuster, repariere meinen Schuh; sei bis halb drei fertig.“

Die Schuster reichen sich den Schuh so schnell wie möglich gegenseitig zu, wobei sie darauf achten, dass der Kunde nicht sieht, wer von ihnen ihn hat. Als der Kunde kommt, um ihn abzuholen, wird ihm gesagt, dass er noch nicht fertig ist. Er tut so, als sei er wütend und sagt, er nehme ihn so, wie er ist. Dann muss er versuchen, ihn zu finden, und der Schuster, der ihn hat, muss versuchen, ihn seinem Nachbarn zu reichen, ohne dass der Kunde ihn sieht. Die Person, bei der der Schuh gefunden wird, muss zum Kunden werden, während der Kunde seinen Platz im Kreis auf dem Boden einnimmt.

Fliegend

Für dieses Spiel wird als Spielleiter eine Person benötigt, die eine Geschichte erzählen oder eine kleine lustige Rede halten kann. Jeder Spieler muss die rechte Hand auf den linken Arm legen. Der Spielleiter erzählt dann eine Geschichte, und wenn er dabei ein fliegendes Geschöpf erwähnt, muss jede rechte Hand erhoben und in der Luft flattern, um das Fliegen nachzuahmen.

Beim Namen eines nicht fliegenden Geschöpfs müssen die Hände stillgehalten werden, bei Strafe wird eine Geldstrafe verhängt. Also:

Der kleine Zaunkönig ist sehr klein,

Der Kolibri ist kleiner;

Der Marienkäfer ist am wenigsten,

Und wunderschön gekleidet.

Der Pelikan liebt seine Jungen,

Der Storch, den sein Elternteil liebt;

Der Schnabel der Waldschnepfe ist sehr lang,

Und unschuldig sind Tauben.

In Deutschland jagt man das Wildschwein,

Die Biene bringt Honig nach Hause,

Die Ameise legt einen Wintervorrat an,

Der Bär liebt Honigwaben.

Der Zauberstab des Blinden

Dies ist eine andere Möglichkeit, Blinde Kuh zu spielen, und wird von vielen als eine Verbesserung gegenüber diesem Spiel angesehen.

Der Spieler mit verbundenen Augen steht in der Mitte des Raumes und hat einen langen Papierstab, der aus einer längs gefalteten Zeitung bestehen kann, die an beiden Enden mit Schnur zusammengebunden ist. Die anderen Spieler reichen sich dann die Hände und stehen im Kreis um ihn herum. Dann spielt jemand eine fröhliche Melodie auf dem Klavier und die Spieler tanzen um den Blinden herum, bis die Musik plötzlich aufhört. Der Blinde nutzt dann die Gelegenheit, seinen Stab auf einen der Kreise zu senken, und der Spieler, auf den er gefallen ist, muss ihn festhalten. Der Blinde macht dann ein Geräusch, beispielsweise das Bellen eines Hundes, einen Straßenschrei oder irgendetwas, von dem er glaubt, dass es den Spieler, den er gefangen hat, dazu bringen wird, sich zu verraten, da der Gefangene jedes Geräusch nachahmen muss, das der Blinde gerne macht. Sollte der Blinde erkennen, wer den Stab hält, muss der Gefangene blind sein; wenn nicht, geht das Spiel weiter, bis er Erfolg hat.

Richter und Jury

Die Gesellschaft sollte in zwei Reihen einander gegenübersitzen, und dann sollte eine Partei zum Richter gewählt werden. Jeder muss sich merken, wer genau gegenübersitzt, denn wenn der Richter jemandem eine Frage stellt, muss nicht die direkt gefragte Person antworten, sondern die Person, die dem Richter gegenübersitzt. Wenn der Richter sich beispielsweise an einen aus der Gesellschaft wendet und fragt: „Mögen Sie Äpfel?", muss die angesprochene Person schweigen, während die Person, die ihr gegenübersitzt, antworten muss, bevor der Richter bis zehn zählen kann. Bei Nichtbefolgen dieser Regel wird eine Strafe verhängt. Eine Regel in Bezug auf die Antworten ist, dass die Antwort nicht weniger als zwei Wörter lang sein darf und die Wörter „Ja", „Nein", „Schwarz", „Weiß" oder „Grau" nicht enthalten darf. Für das Brechen dieser Regel kann ebenfalls eine Strafe verhängt werden.

"Hände hoch!"

Die Gesellschaft muss sich bei diesem Spiel aufteilen, wobei die eine Hälfte auf der einen Seite des Tisches Platz nimmt und die andere Hälfte auf der anderen Seite. Die Spieler auf der einen Seite werden die „Rater" und die Spieler auf der anderen Seite die „Verstecker" genannt. Ein Knopf oder ein anderer kleiner Gegenstand wird hervorgeholt und die Versteckten müssen ihn unter dem Tisch von Hand zu Hand weitergeben, damit die gegenübersitzenden Personen nicht wissen, wer ihn hält. Wenn er versteckt ist, ruft einer der Rater: „Hände hoch!" Sofort müssen die Versteckten ihre geschlossenen Hände auf den Tisch legen. Die Rater müssen dann herausfinden, in welcher Hand sich der Knopf befindet. Wenn dies gelingt, dürfen die Versteckten raten. Die Person, in deren Hand sich der Knopf befindet, muss eine Strafe zahlen.

Unterkünfte zu vermieten

Die Gesellschaft sitzt im Kreis und ein Spieler steht in der Mitte. Es gibt einen freien Stuhl und das Spiel besteht darin, dass dieser Spieler einen freien Platz bekommt. Wenn das Spiel beginnt, bewegt sich jeder so schnell wie möglich zum Stuhl neben ihm oder ihr und da dies die ganze Zeit geschieht, ist es für die Person, die nach einer „Unterkunft" sucht, schwierig, einen Platz zu finden, indem sie sich zwischen sie schlüpft, und seine Versuche werden viel Belustigung hervorrufen.

Jage den Ring

Für dieses Spiel wird ein langes Stück Schnur benötigt. Daran wird ein Ring aufgefädelt und die Enden der Schnur werden miteinander verknotet. Die Spieler nehmen dann die Schnur in die Hand und bilden einen Kreis, wobei einer aus der Gruppe, der Jäger genannt wird, in der Mitte steht. Die Schnur muss schnell im Kreis herumgereicht werden, und die Spieler müssen versuchen, zu verhindern, dass der Jäger herausfindet, wer den Ring hält. Sobald er dies getan hat, nimmt er seinen Platz im Kreis ein, während die Person, die den Ring gehalten hat, zum „Jäger" wird.

Der Stuhl der Reue

Die Spieler sitzen in einem Kreis, in dessen Mitte ein Stuhl steht. Einer aus der Gruppe geht aus dem Raum und die anderen sagen allerlei Dinge über ihn. Einer sagt zum Beispiel, er sei gutaussehend, ein anderer, er sei klug, dumm oder eitel. Der „Täter" wird dann zurück in den Raum gerufen und setzt sich auf den Stuhl, der „Stuhl der Reue" genannt wird, und einer der Spieler beginnt, ihm die verschiedenen Anschuldigungen zu nennen, die gegen ihn erhoben wurden. „Jemand hat gesagt, du wärst eitel; kannst du erraten, wer es war?" Wenn der Täter richtig rät, nimmt er seinen Platz im Kreis ein und die Person, die die Anschuldigung erhoben hat, wird an seiner Stelle zum „Täter". Wenn der „Täter" jedoch nicht richtig raten kann, muss er den Raum erneut verlassen, während neue Anschuldigungen gegen ihn erhoben werden.

Die Feder

Nachdem die Spieler eine kleine, flauschige Feder besorgt haben, sitzen sie im Kreis so nah wie möglich beieinander. Einer aus der Gruppe wirft die Feder dann so hoch wie möglich in die Luft, und es ist die Pflicht aller Spieler, zu verhindern, dass sie auf ihnen landet, indem sie darauf pusten, wann immer sie in ihre Richtung kommt. Jeder Spieler, auf den sie fällt, muss eine Strafe zahlen.

Es ist fast unmöglich, sich die Spannung vorzustellen, die dieses Spiel erzeugt, wenn es mit Elan gespielt wird. Der Spaß beschränkt sich dabei nicht nur auf die Spieler, sondern bereitet auch den Zuschauern fast genauso viel Freude.

Das Spiel der Konversation

Um dieses Spiel erfolgreich zu spielen, einigen sich zwei aus der Gruppe privat auf ein Wort, das mehrere Bedeutungen hat. Die beiden beginnen dann ein Gespräch, das sich zwangsläufig um das von ihnen gewählte Wort drehen muss, während der Rest der Gruppe zuhört. Wenn ein Mitglied der Gruppe glaubt, das Wort erraten zu haben, darf es sich an dem Gespräch beteiligen, wenn es jedoch feststellt, dass es sich geirrt hat, muss es sich sofort zurückziehen.

Zur Veranschaulichung: Angenommen, die beiden Spieler, die das Gespräch beginnen, entscheiden sich für das Wort „Kiste". Sie könnten über die Leute sprechen, die sie im Theater gesehen haben, und über den bestimmten Teil des Hauses, in dem sie saßen. Dann könnten sie sagen, wie schön es in einem Garten aussah, und einer könnte erwähnen, dass es zu großen Bäumen heranwuchs. Vielleicht könnte sich einer der Gesellschaft einbilden, er hätte das Wort richtig erraten, und sich einklinken, woraufhin das Gespräch sofort wechselt und die beiden beginnen, sich über einen riesigen Koffer zu unterhalten, in dem eine sehr große Anzahl von Dingen verstaut ist. Zu diesem Zeitpunkt wird die Person, die sich in das Gespräch eingemischt hat, möglicherweise völlig verwirrt aufhören. Wenn das Wort jedoch richtig erraten wurde, wählt die Person, die es errät, einen Partner, und sie wählen gemeinsam ein Wort aus, und das Spiel beginnt von vorne.

Die Galerie der Statuen

Für dieses Spiel verlassen alle bis auf zwei den Raum. Einer von ihnen steht dann wie eine Statue da, eventuell mit Hilfe einer Tischdecke oder ähnlichem als Vorhang, während der andere als Schausteller fungiert.

Wenn die Position festgelegt ist, wird einer der Gesellschaftsmitglieder hereingerufen und vom Schausteller auf eine Seite gestellt, um seine oder ihre Meinung zu den Vorzügen der Statue zu erfragen. Es ist fast sicher, dass ein

Vorschlag gemacht wird; in diesem Fall wird er oder sie aufgefordert, die vorgeschlagene Haltung einzunehmen, und ein anderer Spieler wird hereingerufen, dem dieselbe Frage gestellt und ein anderer Vorschlag gemacht und angenommen wird. Wenn jede Statue der Galerie hinzugefügt wird, entsteht viel Heiterkeit, und in kurzer Zeit wird eine große Sammlung zusammengetragen.

Der Jäger

Einer stellt den Jäger dar, die anderen Spieler benennen sich nach einem Teil der Habe des Jägers, z. B. ist einer die Mütze, ein anderer das Horn, wieder andere die Pulverflasche, das Gewehr, die Peitsche usw.

In der Mitte des Raumes werden mehrere Stühle aufgestellt, wobei die Anzahl der Stühle geringer sein muss als die Anzahl der Spieler, den Jäger nicht mitgerechnet.

Die Spieler setzen sich dann im Raum herum, während der Jäger in der Mitte steht und nacheinander zu ihnen ruft, und zwar so: „Pulverflasche!" Sofort erhebt sich „Pulverflasche" und greift nach dem Mantel des Jägers.

„Mütze", „Gewehr", „Schuss", „Gürtel", ruft der Jäger; jeder, der diese Gegenstände vertritt, muss aufstehen und den vor ihm gerufenen Spieler festhalten, bis der Jäger schließlich eine lange Reihe hinter sich hat. Dann beginnt er, um die Stühle herumzulaufen, bis er plötzlich „Peng!" ruft und die Spieler sich hinsetzen müssen. Da es natürlich nicht genügend Stühle gibt, bleibt ein Spieler stehen und muss eine Strafe zahlen. Der Jäger wird während des gesamten Spiels nicht ausgewechselt, es sei denn, er wird müde, dann kann er mit einem der anderen den Platz tauschen.

Heiße gekochte Bohnen und Speck

Dies ist ein Spiel für kleine Kinder. Ein kleiner Gegenstand wird im Zimmer versteckt, und das Kleine, das ihn finden muss, wird nach draußen geschickt. Danach rufen die Spieler gemeinsam: „Heiße gekochte Bohnen und Speck; sie sind versteckt und können mitgenommen werden." Das Kleine kommt herein und beginnt, nach dem versteckten Gegenstand zu suchen. Wenn es sich dem Versteck nähert, sagt die Gesellschaft ihm, dass ihm „heiß" wird; oder, wenn es nicht in der Nähe ist, wird ihm gesagt, dass ihm „kalt" ist. Wenn ihm „sehr heiß" oder „sehr kalt" ist, bedeutet das, dass es sich sehr nahe oder sehr weit von dem versteckten Gegenstand entfernt befindet; wenn es sich jedoch extrem nahe befindet, wird ihm gesagt, dass es „brennt". Auf diese Weise kann der versteckte Gegenstand gefunden werden, und alle

Kinder können sich für das Spiel interessieren, indem sie rufen dürfen, ob dem Kleinen „heiß" oder „kalt" ist.

„Mein Meister befiehlt Ihnen, dasselbe zu tun wie ich."

Für alle Kinder, die gern ein bisschen Sport treiben, gibt es kein besseres Spiel als dieses. Wenn die Stühle im Raum aufgestellt sind, beginnt der erste Spieler mit den Worten: „Mein Herr befiehlt euch, dasselbe zu tun wie ich", während er gleichzeitig mit der rechten Hand herumhämmert, als würde er auf seine Knie hämmern. Der zweite Spieler fragt dann: „Was befiehlt er mir zu tun?" Als Antwort darauf sagt der erste Spieler: „Mit jemandem zu arbeiten, wie ich es tue." Der zweite Spieler muss sich, während er auf die gleiche Weise arbeitet, zu seinem linken Nachbarn umdrehen und dasselbe Gespräch weiterführen, und so weiter, bis jeder mit der rechten Hand herumarbeitet.

Beim zweiten Durchgang ist die Reihenfolge: Zuerst mit zwei, dann mit beiden Händen, dann mit drei, dann mit beiden Händen und einem Bein, dann mit vier, wobei beide Hände und beide Beine in Bewegung bleiben müssen, und schließlich mit fünf, wobei beide Beine, beide Arme und der Kopf in Bewegung bleiben müssen. Sollte es einem Spieler nicht gelingen, in ständiger Bewegung zu bleiben, kann eine Strafe verlangt werden.

Rote Kappe und blaue Kappe

Die Spieler setzen sich in einen Kreis und stellen Schneider dar, die an einem Stück Stoff arbeiten – ein Taschentuch oder ein Staubwedel reichen dafür aus. Ein Anführer oder Vorarbeiter wird ausgewählt und jeder aus der Gruppe wird der Reihe nach genannt: Roter Hut, Blauer Hut, Schwarzer Hut, Gelber Hut, Brauner Hut usw. Der Anführer nimmt dann das Stück Stoff und tut so, als würde er die Arbeit untersuchen, die angeblich von den Arbeitern ausgeführt wurde. Er soll einen schlechten Stich entdecken und fragen: „Wer hat das gemacht, Blauer Hut?" Letzterer antwortet sofort: „Ich nicht, Sir." „Wer dann, Sir?" „Gelber Hut, Sir." Gelber Hut muss dann sofort auf die gleiche Weise antworten und einen anderen Arbeiter nennen. Jeder, der nicht auf seinen Namen antwortet, zahlt eine Strafe. Wenn dieses Spiel zügig gespielt wird, bietet es endlosen Spaß.

Es

Einer der Spieler wird gebeten, nach draußen zu gehen, während die Gruppe an eine Person im Raum denkt, und bei seiner Rückkehr muss er raten, an wen die Gruppe gedacht hat.

Anschließend stellen sich die Spieler in einem Kreis auf und vereinbaren, dass jeder an seinen rechten Nachbarn denkt; am besten abwechselnd ein Mädchen und ein Junge, das trägt wesentlich zum Spaß bei.

Dann wird der Spieler draußen aufgerufen und beginnt, Fragen zu stellen. Bevor er antwortet, muss der Spieler, der gefragt wird, seinen rechten Nachbarn genau beobachten und dann eine korrekte Antwort geben. Angenommen, die erste Frage lautet: „Wird die Person für einen Jungen oder ein Mädchen gehalten?", dann wäre die Antwort möglicherweise „Ein Junge". Dann würde die nächste Person nach der Hautfarbe gefragt, die nächste nach der Haarfarbe, ob lang oder kurz usw., wobei die Antworten auf diese Fragen natürlich dem rechten Nachbarn entsprechen würden.

Fast alle Antworten widersprechen den vorherigen und das Ergebnis könnte etwa so aussehen: „Ein Junge", „sehr dunkle Hautfarbe", „langes gelbes Haar", „trägt eine schwarze Samtjacke", „mit einem dunkelgrünen Kleid", „1,52 Meter groß", „ungefähr sechs Jahre alt" usw. Wenn der ratende Spieler das Spiel aufgibt, wird ihm der Witz erklärt.

Schauspielreime

Bei diesem Spiel geht die Hälfte der Spieler vor die Tür, während die im Raum Verbliebenen ein einsilbiges Wort wählen, das nicht zu schwierig sein sollte. Angenommen, das gewählte Wort ist „Flat", dann werden die Spieler, die nicht im Raum sind, informiert, dass ihnen ein Wort eingefallen ist, das sich auf „Cat" reimt, und sie müssen dann ohne zu sprechen alle Wörter nachspielen, die ihnen einfallen und die sich auf „Cat" reimen. Angenommen, ihre erste Idee ist „Bat", dann kommen sie in den Raum und spielen ein imaginäres Cricketspiel. Wenn das nicht stimmt, werden sie für ihre Mühen ausgebuht und müssen dann wieder schnell nach draußen. Als nächstes könnten sie es mit „Rat" versuchen, wobei die meisten auf Händen und Füßen in den Raum gehen, während die anderen so tun könnten, als hätten sie Angst. Wieder würden sie ausgebuht. Schließlich gehen die Jungen hinein und fallen der Länge nach hin, während die Mädchen so tun, als würden sie sich mit einem Bügeleisen den Rücken glätten. Das laute Klatschen, das folgt, sagt ihnen, dass sie endlich richtig liegen. Anschließend tauschen sie die Plätze mit dem Publikum, das nun wiederum zu Schauspielern wird.

Mensch und Objekt

Zwei Personen verlassen den Raum, und nachdem sie sich darauf geeinigt haben, was sie darstellen wollen, kommen sie wieder zurück und setzen sich nebeneinander vor die Gesellschaft. Einer der beiden übernimmt die Rolle einer bekannten Person, und der andere stellt einen Gegenstand dar, der eng mit dieser Person verbunden ist; sagen wir zum Beispiel, einer repräsentiert den Gouverneur und der andere den Bürgermeister. Wenn die beiden in den Raum zurückkehren, stellen die anderen Spieler abwechselnd jedem von ihnen eine Frage, auf die sowohl der Mann als auch der Gegenstand entweder mit „Ja" oder „Nein" antworten müssen, bis die richtige Person und der richtige Gegenstand erraten wurden.

Der erste Spieler wird den „Mann" vielleicht fragen: „Lebst du?"

Der Mann antwortet: „Ja", dann wird der Gegenstand gefragt: „Bist du aus Holz?" „Nein." Als nächstes befragt ihn der zweite Spieler, dann der dritte und so weiter, bis jeder einmal Fragen gestellt hat oder die Person und der Gegenstand erraten wurden.

Der lustige Müller

Die Spieler entscheiden untereinander, wer von ihnen die Rolle des Jolly Miller spielen soll. Danach wählt jeder kleine Junge ein kleines Mädchen als Partner. Nachdem der Jolly Miller in der Mitte des Raumes Stellung bezogen hat, beginnen alle, Arm in Arm um ihn herumzugehen und dabei folgende Zeilen zu singen:

Es war einmal ein lustiger Müller, der allein lebte;

Während sich das Rad drehte, erlangte er Reichtum;

Eine Hand im Trichter, die andere auf dem Beutel;

Als sich das Rad drehte, griff er zu.

Beim Wort „Greifen" müssen alle die Partner wechseln, und während der Wechsel stattfindet, hat der Müller die Möglichkeit, sich einen Partner zu sichern. Sollte ihm dies gelingen, muss derjenige, der keinen Partner mehr hat, den Platz des lustigen Müllers einnehmen und die Mitte des Raumes besetzen, bis er das Glück hat, einen anderen Partner zu finden.

Ruth und Jakob

Einem Spieler werden die Augen verbunden, die anderen tanzen im Kreis um ihn herum, bis er auf einen von ihnen zeigt. Diese Person betritt dann den Ring, und wenn der Blinde „Ruth" ruft, antwortet er „Jacob" und bewegt sich im Kreis, um nicht vom Blinden gefangen zu werden, und antwortet so oft „Jacob", wie der Blinde „Ruth" ruft. Dies geht so weiter, bis „Ruth" gefangen ist. „Jacob" muss dann raten, wen er gefangen hat; wenn er richtig rät, nimmt „Ruth" seinen Platz ein, und das Spiel geht weiter; wenn er falsch rät, ist er weiterhin „Jacob".

Dame

Dies ist ein großartiges und sehr leicht zu erlernendes Spiel. Es wird auf einem speziellen Brett mit 32 weißen und 32 schwarzen Feldern gespielt.

Das Spiel wird von zwei Personen gespielt, die einander gegenübersitzen. Jeder Spieler hat einen Satz von zwölf Spielsteinen oder „Männchen", wobei die Farben der Sätze unterschiedlich sind, sodass die Spieler ihre eigenen Männchen leicht unterscheiden können. Die Männchen sind rund und flach und bestehen normalerweise aus Buchsbaumholz oder Ebenholz und Elfenbein, wobei ein Satz weiß und der andere schwarz ist.

Bevor die Steine auf das Brett gesetzt werden, muss entschieden werden, ob auf die weißen oder die schwarzen Felder gespielt werden soll, da das ganze Spielfeld nur auf eine Farbe gesetzt werden darf. Wenn die weißen Felder gewählt werden, muss sich in der rechten Ecke ein schwarzes Feld befinden; wenn die schwarzen Felder gespielt werden sollen, muss das rechte Eckfeld ein weißes sein.

Die Bewegungen beim Damespiel sind sehr einfach; ein Stein kann nur ein Feld auf einmal bewegt werden, außer wie nachfolgend erklärt, und zwar diagonal, niemals geradeaus oder seitwärts. Wenn ein Stein des Gegners im Weg steht, kann kein Zug ausgeführt werden, es sei denn, es gibt dahinter ein freies Feld, auf das der Stein gehoben werden kann. In diesem Fall wird der übersprungene Stein „genommen" und vom Brett entfernt.

Das große Ziel des Spiels ist es also, das Spielfeld von den Steinen des Gegners zu räumen oder sie so einzukesseln, dass sie nicht bewegt werden können. Der Spieler, der zuerst den Gegner einkesselt oder das Spielfeld räumt, hat gewonnen. Da kein Stein mehr als einen Schritt diagonal auf einmal bewegt werden kann (außer beim Schlagen von Steinen des Gegners), kann kein Schlagen erfolgen, bis die beiden Parteien sich nahe gekommen sind. Daher besteht das Spielprinzip darin, die Steine kontinuierlich in das Spielfeld des anderen zu drängen.

Zu Beginn eines Spiels kann es einen großen Vorteil bringen, den ersten Zug zu machen; daher gilt bei mehreren Spielen die Regel, dass die Spieler abwechselnd den ersten Zug machen.

Wenn einer der Spieler mit seinen Steinen die äußerste Reihe von Feldern auf der gegenüberliegenden Seite erreicht hat (die erste Reihe seines Gegners), dürfen diese Steine gekrönt werden. Dies geschieht, indem man auf jeden Stein einen anderen Stein setzt, der aus den Steinen ausgewählt werden kann, die bereits vom Brett entfernt wurden. Die so gekrönten Steine werden „Könige" genannt und haben eine neue Bewegungsbefugnis, da der

Spieler sie nun nach Belieben vorwärts oder rückwärts bewegen kann, aber immer diagonal wie zuvor.

Da die Könige diese doppelte Bewegungskraft haben, ist es für einen Spieler wichtig, so viele Steine wie möglich zu krönen. Wenn jeder Spieler das Glück hat, zwei oder drei Könige zu bekommen, wird das Spiel sehr spannend. Unmittelbar nach der Krönung ist es gut, wenn ein Spieler beginnt, die Steine seines Gegners zu blockieren, um seinen eigenen Steinen mehr Freiheit zu geben und sich so auf den Sieg vorzubereiten.

Es gilt die Regel, dass ein Spieler, wenn er einen seiner Steine berührt, ihn spielen muss. Wenn Spieler A versäumt, einen Stein zu nehmen, obwohl er dazu in der Lage wäre, kann sein Gegner B ihn schubsen, das heißt, den Stein des Spielers A vom Brett nehmen. Wenn es zu Bs Vorteil ist, kann er darauf bestehen, dass sein eigener Stein genommen wird, was als „Schlag" bezeichnet wird. Die übliche Vorgehensweise besteht darin, den Stein des Spielers A, der die Auslassung begangen hat und der schubsen wurde, vom Brett zu nehmen.

Es wird weder als richtig noch als fair angesehen, wenn ein Spielzuschauer Ratschläge zum richtigen Zug gibt oder wenn ein Spieler zwischen den einzelnen Zügen länger als fünf Minuten wartet.

Beim Bewegen der Spielsteine ist große Vorsicht geboten, da eine falsche Bewegung jederzeit das ganze Spiel gefährden kann.

Durch ständiges Üben kann jeder schnell ein sehr fairer Spieler werden, aber selbst wenn man das Spiel nur ein paar Mal spielt, wird man es sehr interessant finden.

Domino

Es gibt mehrere Möglichkeiten, Domino zu spielen, aber das folgende Spiel ist das einfachste:

Die Dominosteine werden verdeckt auf den Tisch gelegt und jeder Spieler nimmt sich einen, um zu entscheiden, wer zuerst spielen darf. Derjenige, der den Stein mit der höchsten Augenzahl zieht, beginnt. Die beiden Steine werden dann wieder zu den übrigen zurückgelegt; dann werden die Dominosteine verdeckt gemischt und jeder Spieler wählt sieben Steine aus und legt sie aufrecht auf den Tisch, so dass jeder seine eigenen Steine sehen kann, ohne die des Gegners übersehen zu können.

Da ein gewöhnlicher Satz aus 28 Steinen besteht, bleiben noch 14 übrig, aus denen gezogen werden kann.

Der Spieler, der den Ausspielvorgang gewonnen hat, legt nun einen Stein mit der Vorderseite nach oben auf den Tisch. Angenommen, es ist eine Doppel-Sechs, dann muss der andere Spieler einen Stein mit der Sechs neben die Doppel-Sechs legen. Vielleicht kann er eine Sechs-Vier legen; der erste Spieler legt dann eine Sechs-Fünf und legt seine Sechs neben die gegenüberliegende Sechs der Doppel-Sechs; der zweite folgt mit einer Fünf-Vier und legt seine Fünf neben die bereits auf dem Tisch liegende Fünf; Sie sehen also, die Spieler müssen einen Stein ablegen, der an einem Ende mit einer der Endzahlen der bereits gespielten Steine übereinstimmt. Wenn ein Spieler keine entsprechende Zahl hat, muss er von den vierzehn ziehen, die zu diesem Zweck übrig geblieben sind. Wenn er nach dem Aufbrauchen von zwölf dieser vierzehn Steine nicht spielen kann, verliert er seinen Zug und sein Gegner spielt an seiner Stelle. Die beiden verbleibenden Dominosteine dürfen nicht gezogen werden.

Wenn ein Spieler alle seine Dominosteine aufgebraucht hat, deckt sein Gegner die übrigen auf, die Punkte werden gezählt und die Punktezahl wird dem Konto des Spielers gutgeschrieben, der zuerst keine Steine mehr hatte.

Wenn keiner der Spieler spielen kann, werden die Steine verdeckt auf den Tisch gelegt und der Spieler mit der geringsten Augenzahl erhält folgende Punkte: Wenn die Augen des einen Spielers zehn und die des anderen Spielers fünf zählen, wird die Fünf von der Zehn abgezogen. Es bleiben also fünf Punkte für den Spieler übrig, dessen Augenzahl nur fünf gezählt hat.

Die Dominosteine werden erneut gemischt, diesmal beginnt der zweite Spieler, und das Spiel wird auf diese Weise fortgesetzt, bis einer der beiden Spieler die Hundertermarke erreicht hat. Wer dies zuerst schafft, hat das Spiel gewonnen.

Dieses Spiel wird im Allgemeinen nur von zwei Spielern gespielt, es können jedoch auch vier, fünf oder sogar sechs Spieler mitmachen. In diesem Fall kann jedoch natürlich nicht jeder sieben Steine nehmen, daher müssen sie die Steine gleichmäßig unter sich aufteilen und, wenn sie das bevorzugen, ein paar zum Ziehen übrig lassen; wenn nicht, können sie sie alle aufteilen.

⸻

Grüner Kies

Bei diesem Spiel reichen sich die Kinder die Hände, gehen im Kreis herum und singen dabei die folgenden Worte:

Grüner Kies, grüner Kies, dein Gras ist so grün,

Das schönste junge Mädchen, das man je gesehen hat.

Ich werde dich in frischer Milch waschen und dich in Seide kleiden,

Und schreiben Sie Ihren Namen mit goldener Feder und Tinte auf.

Oh! (Mary) Oh! (Mary) deine wahre Liebe ist tot;

Er hat Ihnen einen Brief geschickt, der Sie zum Umdenken anregen soll.

Wenn die Spieler zu dem Teil des Liedes „Oh, Mary!" kommen, benennen sie ein Mitglied der Gruppe. Wenn das Lied zu Ende ist, muss sich die genannte Person ganz umdrehen und nach außen schauen, sodass sie allen anderen Spielern den Rücken zuwendet. In dieser Position fasst sie dann die Hände und das Spiel geht wie zuvor weiter, bis alle Spieler nach außen schauen. Dann beginnen sie von vorne, bis sie alle wie am Anfang nach innen schauen.

Fünfen und Dreien

Dies ist ein weiteres Spiel, das mit Dominosteinen gespielt wird und eines der beliebtesten ist. Es ist eine hervorragende Übung zum Zählen, und der Erfolg hängt in hohem Maße von der Geschicklichkeit ab. An diesem Spiel können zwei, drei oder vier Spieler teilnehmen. Nachdem die Dominosteine verdeckt gemischt wurden, nimmt sich jeder Spieler die gleiche Anzahl an Steinen, wobei immer mindestens drei auf dem Tisch liegen bleiben; kein Spieler darf jedoch mehr als sieben nehmen, und es ist vielleicht besser, die Anzahl auf fünf zu begrenzen.

Beim Dominospiel sollte grundsätzlich beachtet werden, dass ein Ende des anzulegenden Dominosteins in seiner Zahl immer mit dem Ende des Dominosteins übereinstimmen muss, an das er angelegt werden soll.

Ziel des Spiels ist es, so viele „Fünfer" und „Dreier" wie möglich zu bilden. Ein Spieler sollte beispielsweise immer eine Fünfzehn bilden, wenn er kann, da drei fünfmal in fünfzehn und fünf dreimal in fünfzehn teilbar ist. Somit würde er 8 Punkte erzielen (drei und fünf). Die Zählweise besteht darin, die beiden Enden zusammenzuzählen. Dabei sollte man natürlich immer versuchen, die höchste Zahl wie möglich zu erreichen und eine Zahl zu bilden, in die entweder drei oder fünf teilbar sind. Wenn eine Zahl gebildet wird, in die diese Zahlen nicht teilbar sind, ergibt sich kein Punkt.

Angenommen, es gibt zwei Spieler, A und B. A beginnt das Spiel, indem er die Doppel-Sechs spielt, wofür er 4 Punkte bekommt (drei teilt sich viermal in zwölf). B spielt dann die Sechs-Drei, was fünfzehn ergibt, und bekommt somit 8 Punkte (die höchstmögliche Punktzahl, wie oben erklärt). Als nächstes spielt A die Doppel-Drei, was achtzehn ergibt, und bekommt 6 Punkte (drei teilt sich sechsmal in achtzehn). B spielt dann Sechs-Leer auf die Doppel-Sechs auf der linken Seite und bekommt 2 Punkte (drei teilt sich zweimal in sechs). A hält die Leer-Drei, legt sie auf das leere Ende, wodurch er die Zahl Neun bekommt, und bekommt 3 Punkte. Als nächstes spielt B die Drei-Vier, was zehn ergibt, und bekommt 2 zu seiner Punktzahl addiert (fünf teilt sich zweimal in zehn). So geht das Spiel weiter, wobei jeder Spieler versucht, so viele Fünfen und Dreien wie möglich zu machen.

Papier- und Bleistiftspiele

Vögel, Tiere und Fische

Nehmen Sie Ihren Bleistift und schreiben Sie oben auf Ihr Papier die Worte „Vögel, Tiere und Fische". Sagen Sie Ihrem Begleiter dann, dass Sie sich zum Beispiel ein Tier ausdenken werden. Schreiben Sie den ersten und letzten Buchstaben des Namens auf und kreuzen Sie die Buchstaben an, die ausgelassen wurden. Schreiben Sie zum Beispiel C*******e auf das Papier. Ihr Begleiter muss sich alle Tiernamen ausdenken, die er sich merken kann und die neun Buchstaben haben, mit dem Buchstaben C beginnen und mit „e" enden. Wenn der zweite Spieler nach mehrmaligem Raten „aufgibt", sagt ihm der erste Spieler, dass das Tier, an das er gedacht hat, „Krokodil" ist, und denkt sich dann ein anderes Tier, einen anderen Vogel oder Fisch aus und schreibt es auf ähnliche Weise auf. Wenn jedoch der Name des Tieres erraten wird, ist der zweite Spieler an der Reihe, Papier und Bleistift zu nehmen.

Tic Tac Toe

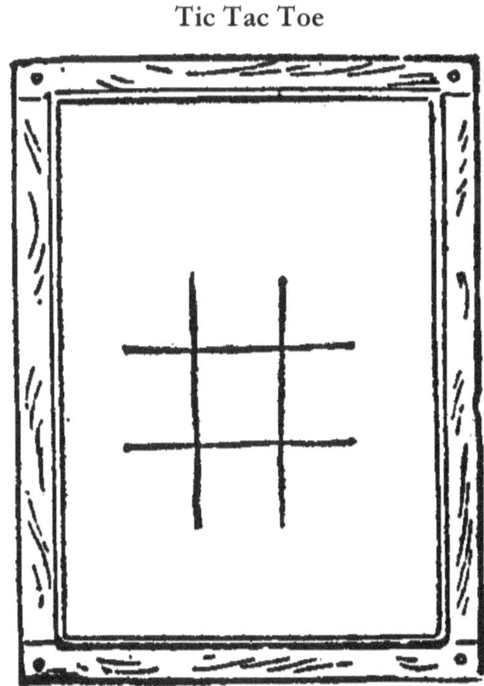

Dies ist ein Spiel, das jedem Jungen und Mädchen großen Spaß macht. Nehmen Sie Papier und zeichnen Sie mit einem Bleistift vier Querlinien wie gezeigt:

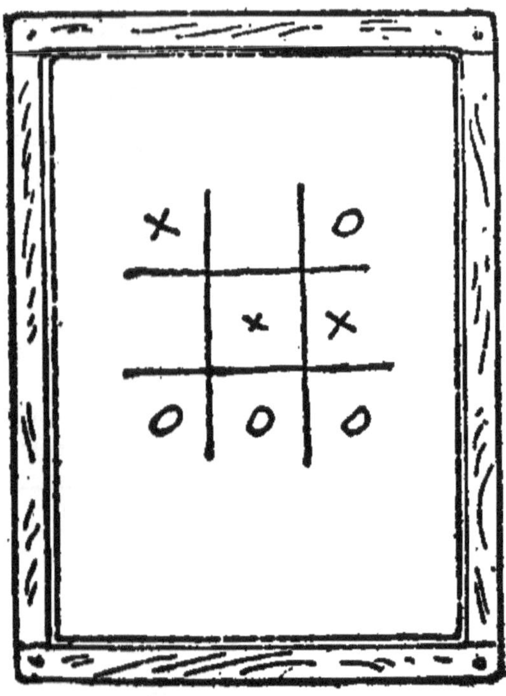

Dieses Spiel kann nur von zwei Personen gespielt werden, wobei ein Spieler Nullen und der andere Kreuze macht. Der Sinn des Spiels besteht darin, dass der eine Spieler versucht, drei Nullen in einer Reihe zu zeichnen, bevor der andere Spieler dasselbe mit drei Kreuzen tun kann. Angenommen, der Spieler, der sein O in die rechte obere Ecke gesetzt hat, wird der Spieler, der die Kreuze genommen hat, vielleicht ein X in die linke obere Ecke setzen. Das nächste O würde in die untere linke Ecke gesetzt werden; um dann zu verhindern, dass die Reihe aus drei Nullen vervollständigt wird, würde der zweite Spieler sein X in das mittlere Quadrat setzen. Ein O würde dann sofort in die rechte untere Ecke gesetzt werden, sodass die Nullen, wo auch immer der nächste Spieler das X platziert, zwangsläufig gewinnen würden. Nehmen wir zum Beispiel an, das X hat die Nullen gewählt und wurde in das mittlere Quadrat auf der rechten Seite gesetzt, dann wäre der Platz für das O das mittlere Quadrat unten, wodurch das Spiel gesichert wäre. Das Diagramm sähe dann wie abgebildet aus:

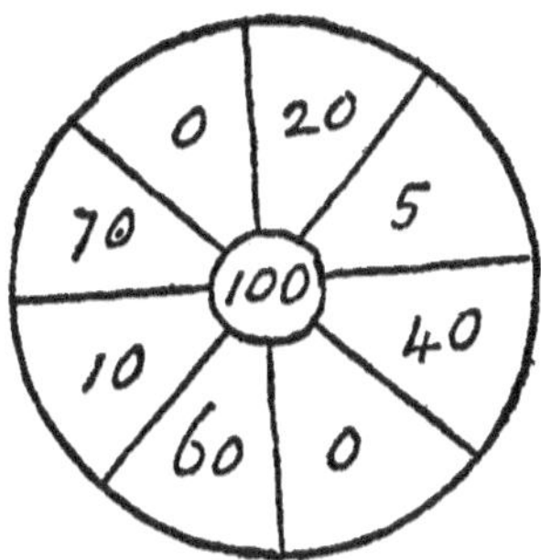

Dieses Spiel kann mit zwei, drei oder vier Spielern gespielt werden. Nehmen Sie zunächst Papier und Bleistift und schreiben Sie die Namen der Spieler in der Reihenfolge, in der sie spielen sollen, oben auf das Papier. Zeichnen Sie dann einen großen Kreis und in die Mitte einen kleineren, in den Sie die Zahl 100 schreiben. Der Raum zwischen dem inneren und dem äußeren Kreis muss in Teile unterteilt werden, die jeweils eine Zahl haben, wie in der Abbildung gezeigt.

Nachdem dies geschehen ist, schließt der erste Spieler die Augen, nimmt den Bleistift und legt seine Hand auf das Papier, wobei die Spitze des Bleistifts es gerade berührt. Dann wiederholt er den folgenden Reim und bewegt dabei den Bleistift im Kreis:

Tit, Tat, Zeh,

Mein erster Versuch,

Vier lustige Metzgerjungen

Alle in einer Reihe.

Steck eins hoch,

Klebe einen runter,

Stecke einen in

Die Krone des alten Mannes.

Beim Wort „Krone" muss der Spieler die Spitze des Bleistifts fest auf dem Papier halten und die Augen öffnen. Wenn der Bleistift nicht im Kreis ist oder wenn er zwar im Kreis ist, aber mit der Spitze auf einer Linie ruht, gibt der Spieler den Bleistift an den nächsten Spieler weiter, ohne Punkte erzielt zu haben.

Wenn sich dagegen am Ende des Reims herausstellt, dass der Bleistift in einem Teil des Kreises liegt, der beispielsweise mit „70" markiert ist, wird diese Zahl unter den Namen des Spielers gesetzt und der Abschnitt durchgestrichen, indem ein Strich darüber gezogen wird. Wenn der Bleistift danach in einem durchgestrichenen Teil des Kreises liegt, verliert der Spieler seinen Zug auf die gleiche Weise, als ob der Bleistift überhaupt nicht im Kreis wäre oder auf einer Linie des Diagramms gelegen hätte.

Das Spiel wird so lange fortgesetzt, bis alle Kreisunterteilungen ausgerundet sind. Anschließend werden die von den einzelnen Spielern erzielten Zahlen addiert und der Spieler mit der höchsten Punktzahl gewinnt das Spiel.

KARTENSPIELE

Spekulation

Spekulation ist ein Spiel, an dem eine beliebige Anzahl von Personen teilnehmen kann. Die Einsätze werden mit Spielsteinen oder Nüssen getätigt und der Wert der Einsätze wird von der Gesellschaft festgelegt. Der höchste Trumpf in jedem Spiel gewinnt den Pool.

Wenn der Geber ausgewählt wurde, legt er beispielsweise sechs Spielsteine in den Pool und jeder andere Spieler legt vier Spielsteine; jeder Spieler erhält drei Karten, die jedoch einzeln ausgeteilt werden müssen; dann wird eine weitere Karte aufgedeckt, die Trumpfkarte genannt wird. Die Karten müssen auf dem Tisch liegen bleiben, aber der Spieler links vom Geber deckt seine oberste Karte auf, damit alle sie sehen können. Wenn es eine Trumpfkarte ist, das heißt, wenn sie von derselben Farbe ist wie die Karte, die der Geber aufgedeckt hat, kann der Besitzer seine Karte entweder behalten oder verkaufen, und die anderen Spieler bieten der Reihe nach darauf. Natürlich verkauft der Besitzer sie zum höchsten Preis, den er erzielen kann.

Anschließend deckt der nächste Spieler seine Karte auf, behält sie oder verkauft sie, und so geht das Spiel weiter, bis alle Karten aufgedeckt und abgelegt wurden. Dann erhält der Spieler, der den höchsten Trumpf entweder auf der Hand hält oder unter den Karten, die er gekauft hat, den Pool, und es wird erneut ausgeteilt.

Sollte keiner der anderen Spieler eine Trumpfkarte auf der Hand haben und die aufgedeckte Karte nicht von einem anderen Spieler gekauft worden sein, erhält der Geber den Pool.

Wenn sich jemand seine Karten außerhalb der Reihe ansieht, kann er dazu gebracht werden, alle drei aufzudecken, sodass die ganze Gesellschaft sie sehen kann.

Alle Viere

Dieses Spiel hat seinen Namen von den vier Chancen oder Punkten, aus denen es besteht, nämlich „Hoch", „Niedrig", „Bube" und „Spiel". Es kann von zwei oder vier Spielern gespielt werden, aber für alle gelten die gleichen Regeln.

Die vier Punkte, die bereits erwähnt wurden, zählen wie folgt: „High", der höchste Trumpf; der Besitzer bekommt einen Punkt. „Low", der niedrigste Trumpf; der ursprüngliche Besitzer bekommt einen Punkt, auch wenn er von seinem Gegner geschlagen wird. „Jack", der Trumpfbube; der Besitzer bekommt einen Punkt, es sei denn, er wird von seinem Gegner gewonnen;

in diesem Fall bekommt der Gewinner einen Punkt. „Game", die höchste
Anzahl von Stichen, die eine der beiden Parteien gemacht hat; jedes Ass zählt
vier für das Spiel, jeder König drei für das Spiel, jede Dame zwei für das Spiel,
jeder Bube einen für das Spiel und jede Zehn zehn für das Spiel.

Die anderen Karten zählen nicht für das Spiel; es kann also vorkommen, dass
ein Spiel ausgeteilt wird, ohne dass eine der beiden Parteien Karten hat, die
für das „Spiel" gewertet werden könnten.

Wenn die Spieler gleich viele Zahlen auf der Hand haben, punktet der Dealer
nicht.

Betteln bedeutet, dass der nächste Spieler, der an den Geber kommt, mit
seinen Karten nicht zufrieden ist und sagt: „Ich bitte." In diesem Fall muss
der Geber ihm entweder eine Karte geben und sagen: „Nimm eine", oder
allen Spielern drei weitere Karten aus dem Stapel geben und dann die nächste
Trumpfkarte aufdecken. Wenn die aufgedeckte Trumpfkarte dieselbe Farbe
hat wie die letzte, muss der Geber drei weitere Karten geben, bis eine andere
Farbe als Trumpfkarte aufgedeckt wird. Bei diesem Spiel ist das Ass die
höchste Karte und die Zwei (die Zwei) die niedrigste.

Nachdem der Geber ein Kartenspiel gemischt und abgehoben hat, gibt er
jedem Spieler sechs Karten. Wenn zwei Spieler spielen, deckt er die
dreizehnte Karte als Trumpf auf; wenn vier Spieler spielen, deckt er die
fünfundzwanzigste auf. Sollte die aufgedeckte Karte ein Bube sein, erhält der
Geber einen Punkt. Der Spieler neben dem Geber sieht sich seine Hand an
und behält sie entweder oder „bettelt", wie erklärt.

Das Spiel beginnt dann, indem der Spieler neben dem Geber eine Karte
ausspielt, die anderen folgen dieser Farbe, die höchste Karte macht den Stich

und so weiter, bis die sechs Stiche gewonnen wurden. Wenn die sechs Stiche gespielt sind, werden die Punkte für High, Low, Jack und Game vergeben.

Sollte kein Spieler eine Bildkarte oder eine Zehn haben, erhält der Spieler neben dem Geber den Punkt für das Spiel. Sollte nur ein Trumpf ausgeteilt werden, zählt dieser sowohl High als auch Low für den Spieler, der ihn zuerst hat. Das erste große Ding in diesem Spiel ist, zu versuchen, den Buben zu gewinnen; als nächstes müssen Sie versuchen, die Zehner zu machen; und Sie müssen auch versuchen, die Stiche zu gewinnen.

<hr>

Einrasten

Das Kartenspiel wird verdeckt ausgeteilt und jeder Spieler packt seine Karten unbesehen zusammen und legt sie vor sich ab.

Dann deckt der erste Spieler die oberste Karte seines Stapels auf, der nächste tut dasselbe und so weiter der Reihe nach. Sobald jedoch ein Spieler eine Karte aufdeckt, deren Nummer der bereits aufgedeckt auf dem Tisch liegenden Karte entspricht, ruft einer der beiden, denen die Karten gehören: „Schnapp!"

Wer dies zuerst schafft, erhält nicht nur die Snap-Karte des anderen Spielers, sondern auch alle Karten, die er bereits aufgedeckt hat, und auch die, die er selbst aufgedeckt hat. Die Karten, die er gewinnt, muss er unter seinen eigenen Stapel legen.

Derjenige, dem es gelingt, alle Karten zu gewinnen, gewinnt das Spiel. Es ist notwendig, sehr aufmerksam und sehr schnell zu sein, wenn Sie bei diesem Spiel erfolgreich sein möchten.

Es gibt ein Spiel, das dem oben genannten sehr ähnlich ist und „Animal Snap" heißt. Jeder Spieler wählt den Namen eines Tieres und muss statt „Snap" den Namen des Tieres rufen, das der Spieler gewählt hat, der die letzte Karte aufgedeckt hat. Angenommen, es wird eine Fünf aufgedeckt und ein Spieler, der den Namen „Tiger" gewählt hat, deckt eine weitere Fünf auf. Statt „Snap" zu rufen, wird „Tiger" gerufen, wenn es „Tiger" nicht gelingt, zuerst den Namen des anderen Spielers zu rufen.

<hr>

Schnipp, Schnapp, Schnarch

Dies ist ein erstklassiges und sehr spannendes Spiel. Es können beliebig viele Spieler daran teilnehmen und es werden alle 52 Karten ausgeteilt.

Jeder Spieler hat fünf Spielsteine und in der Mitte befindet sich ein Pool, der zu Beginn des Spiels leer ist.

Der erste Spieler spielt eine Karte aus, sagen wir eine Sechs. Dann schaut sein Nachbar seine Karten durch, und wenn er noch eine Sechs hat, legt er sie hin und sagt: „Schnipp!" Der erste Spieler muss dann einen Zähler in den Pool zahlen.

Wenn der nächste Spieler zufällig noch eine Sechs hat, spielt er sie aus und sagt „Schnapp", und derjenige, der geschnappt wird, muss in seiner Runde zahlen, aber die Strafe erhöht sich auf zwei Spielsteine. Wenn der vierte Spieler die vierte Sechs hat, spielt er sie aus und sagt „Schnapp", und der dritte Spieler muss jetzt zahlen; seine Strafe beträgt drei Spielsteine für den Pool. Niemand darf spielen, wenn er an der Reihe ist, und jeder muss „schnappen", wenn es in seiner Macht steht. Wenn jemand alle seine fünf Spielsteine für den Pool bezahlt hat, zieht er sich aus dem Spiel zurück; der Pool wird Eigentum desjenigen, dessen Spielsteine am längsten halten.

Alte Jungfer

Nehmen Sie aus einem Kartenspiel eine Dame, mischen Sie die Karten und verteilen Sie sie verdeckt gleichmäßig unter allen Spielern. Dann werden die Karten genommen, die Paare sortiert und auf den Tisch geworfen. Mit „Paaren" sind zwei Könige oder zwei Fünfen usw. gemeint. Wenn alle Paare sortiert sind, bietet der Geber den Rest seiner Karten seinem Nachbarn mit der Filzhand an, der eine beliebige Karte zieht, die er sich aussucht, obwohl er nur die Rückseiten sehen darf. Der Spieler, der gezogen hat, sieht sich dann die Karten an, um zu sehen, ob er sie mit einer Karte kombinieren kann, die er in der Hand hält. Wenn er das kann, wirft er das Paar weg. Wenn nicht, muss er es zu seinen anderen Karten legen. Jetzt ist er an der Reihe, seine Karten seinem Nachbarn anzubieten, und so geht das Spiel weiter, bis alle Karten gepaart sind, außer natürlich der ungeraden Karte, die die Begleiterin der verbannten Dame ist. Der Besitzer dieser Karte ist „die alte Jungfer".

Päpstin Johanna

Dieses unterhaltsame Spiel ist für eine beliebige Anzahl von Spielern geeignet und wird mit einem Holzbrett gespielt, das in Fächer oder Pools unterteilt ist und in jedem Spielzeugladen für wenig Geld gekauft werden kann. Wenn Sie kein Brett haben, verwenden Sie ein Blatt Papier, das in Quadrate unterteilt ist.

Vor dem Geben wird die Karo Acht aus dem Stapel genommen und das Geben durch Abheben der Karten abgeschlossen. Wer zuerst den Buben aufdeckt, ist Geber.

Der Geber mischt dann die Karten und sein linker Nachbar hebt sie ab. Als nächstes muss der Geber das Brett „aufräumen", das heißt, er muss Spielsteine in die Pools legen, die alle unterschiedlich markiert sind. So wird das Brett aufgeräumt: Ein Spielstein für jedes Ass, jeden König, jede Dame, jeden Buben und jedes Spiel, zwei für die Ehe (König und Dame), zwei für die Intrige (Dame und Bube) und sechs für die Karo-Neun, die den Papst darstellt. Auf einem ordentlichen Brett werden Sie diese Markierungen sehen.

Nun werden die Karten an die Spieler ausgeteilt, mit Ausnahme einer Karte, die als Trumpf aufgedeckt wird, sowie der Sechs und Acht, die als Stoppkarten beiseite gelegt werden; auch die vier Könige und die Karo Sieben sind immer Stoppkarten.

Wenn entweder Ass, König, Dame oder Bube als Trumpf aufgedeckt werden, darf der Geber alles nehmen, was sich im Fach mit dieser Markierung befindet; wenn jedoch Pope als Trumpf aufgedeckt wird, nimmt der Geber alle Spielsteine aus Popes Fach sowie die aus dem „Spiel"-Fach, außerdem einen Spielstein für jede Karte, die jedem Spieler ausgeteilt wird, der natürlich von den Spielern bezahlt werden muss. Dann wird neu ausgeteilt.

Es kommt jedoch sehr selten vor, dass Pope als Trumpf aufgedeckt wird. Wenn dies nicht passiert, beginnt der Spieler neben dem Geber zu spielen und versucht, so viele Karten wie möglich loszuwerden. Zuerst spielt er Karten aus, von denen er weiß, dass sie Stoppkarten sind, dann Pope, wenn er sie hat, und anschließend die niedrigste Karte in seiner Farbe, insbesondere ein Ass, denn bis zu dieser kann nie gespielt werden. Die anderen Spieler folgen, wenn sie können. Wenn beispielsweise der Ausspieler die Karo Zwei ausspielt, spielt derjenige, der die Drei hat, sie, jemand folgt mit der Vier und so weiter, bis ein Stopp eintritt. Wer die Karte ausspielt, die einen Stopp bewirkt, wird Ausspieler und kann spielen, was er will.

Dies geht so lange weiter, bis sich jemand von all seinen Karten getrennt hat. Dadurch gewinnt er die Spielmarken im „Spiel"-Fach und erhält von den Spielern eine Spielmarke für jede Karte, die sie halten. Sollte jemand den Papst halten, ist er von der Zahlung befreit, es sei denn, er hat ihn zufällig gespielt.

Wer eine der Karten mit Pools oder Fächern ausspielt, nimmt die Spielsteine aus diesem Pool. Wenn eine dieser Karten nicht ausgespielt wird, bleiben die Spielsteine für das nächste Spiel übrig.

„Ich vermute dich"

Dieses Spiel kann von einer beliebigen Anzahl von Personen gespielt werden. Sobald die Karten ausgeteilt wurden und die Spieler ihre Kartenblätter betrachtet haben, spielt der Spieler links vom Geber die niedrigste Karte, die er hat (das Ass zählt am niedrigsten). Er muss die Karte verdeckt auf den Tisch legen und gleichzeitig ausrufen, was es ist. Der nächste Spieler legt ebenfalls eine Karte verdeckt auf den Tisch und ruft die nächste Zahl; wenn beispielsweise Nr. 1 eine Karte auf den Tisch legt und „Eins" sagt, sagt Nr. 2 „Zwei", Nr. 3 „Drei" und so weiter.

Es ist nicht notwendig, dass die abgelegte Karte tatsächlich die ausgerufene ist. Der Spaß des Spiels besteht darin, die falsche Karte auszulegen, ohne dass jemand Verdacht schöpft. Natürlich kommt es nicht oft vor, dass die Karten direkt aufeinander folgen, da niemand außer der Reihe spielen darf, und wenn ein Spieler glaubt, dass ein anderer die falsche Karte abgelegt hat, sagt er: „Ich verdächtige dich." Der Spieler muss dann seine Karte zeigen, und wenn es nicht die von ihm genannte Karte ist, muss er alle abgelegten Karten nehmen und sie seinem Stapel hinzufügen; wenn die Karte jedoch zufällig die richtige ist, muss der Ankläger die Karten nehmen. Der Spieler, dem es zuerst gelingt, seine Karten loszuwerden, gewinnt das Spiel.

Bettler, mein Nachbar

Die Karten werden gleichmäßig an die Spieler verteilt. Der erste Spieler legt eine Karte offen auf den Tisch. Handelt es sich dabei um eine gewöhnliche Karte, also eine Zwei oder Drei, oder um irgendetwas anderes als eine Bildkarte oder ein Ass, legen seine Nachbarn nacheinander ihre Karten ab, bis eine Bildkarte (also eine Bildkarte oder ein Ass) aufgedeckt wird.

Wird zuletzt ein Ass gespielt, so muss der Nachbar des Spielers, der es gespielt hat, ihm vier Karten bezahlen; bei einem König drei Karten, bei einer Dame zwei Karten und bei einem Buben eine. Der Spieler, der die Bildkarte gespielt hat, nimmt auch alle gespielten Karten und legt sie unter sein eigenes Kartenspiel. Legt jedoch einer der Spieler beim Spielen um eine Bildkarte eine weitere Bildkarte ab, so muss sein Nachbar ihn bezahlen und er nimmt das ganze Kartenspiel anstelle des vorherigen Spielers. Manchmal kommt es vor, dass ein zweiter Spieler beim Bezahlen eine Bildkarte ablegt und der dritte Spieler beim Bezahlen eine weitere und so weiter, bis vielleicht der vierte oder fünfte Spieler am Ende tatsächlich die Karten bekommt.

RÄTSEL

Nur wenige Kinder glauben, dass sie des Spielens jemals müde werden. Doch gegen Ende eines langen Abends, den sie fröhlich mit Tanzen und Spielen verbracht haben, werden die Kleinen zu müde, um weiterzuspielen, und es ist sehr schwierig, sie bei Laune zu halten.

Dann ist die Zeit der Rätsel gekommen! Die Kinder können ruhig im Raum sitzen, sich nach dem Toben und Lachen ausruhen und dennoch bei vollem Interesse versuchen, Rätsel zu erraten.

Da es jedoch sehr schwierig ist, sich viele gute und lustige Geschichten zu merken, geben wir hier eine Liste mit einigen davon an, die völlig ausreichen dürfte, um einen Raum voller kleiner Leute mehrere Stunden lang vor Rätsel zu stellen.

Warum sind müde Menschen wie Kutschenräder? Antwort: Weil sie müde sind.

Eine alte Frau in einem roten Mantel ging an einem Feld vorbei, auf dem eine Ziege graste. Welche seltsame Verwandlung fand plötzlich statt? Antwort: Die Ziege verwandelte sich in Butter (Butt her) und die Frau in einen roten Läufer.

Warum geht eine Ente ins Wasser? Antwort: Aus verschiedenen Gründen.

Buchstabieren Sie „blind pig" mit zwei Buchstaben. PG: ein Schwein ohne I.

Welcher Vogel kann die schwersten Gewichte heben? Der Kranich.

Warum ist ein weiser Mann wie eine Stecknadel? Er hat einen Kopf und läuft spitz zu.

Warum ist ein Jude im Fieber wie ein Diamant? Weil er ein kranker Jude ist.

Warum glauben Zimmerleute vernünftigerweise, dass es so etwas wie Stein nicht gibt? Weil sie ihn nie gesehen haben.

Was wird auf den Tisch gelegt und geschnitten, aber nie gegessen? Ein Kartenspiel.

Wann kann ein Bauer ein Schaf zusammenlegen, ohne es zu verletzen? Indem er es zusammenfaltet.

Was lebt von seiner eigenen Substanz und stirbt, wenn es sich selbst verschlungen hat? Eine Kerze.

Warum beißt sich ein Hund in den Schwanz wie ein guter Manager? Weil er dafür sorgt, dass beide über die Runden kommen.

Welches Ding liegt mit Kopf tiefer als ohne? Ein Kissen.

Welches ist die linke Seite eines Plumpuddings? Die, die nicht gegessen wird.

Welcher Buchstabe des Alphabets wird für die Herstellung eines Schuhs benötigt? Der Leisten.

Wenn alle Meere ausgetrocknet wären, was würden alle sagen? Wir haben keine Ahnung (von einem Ozean).

Warum ist es sicher, dass „Onkel Toms Hütte" nicht aus der Hand des angeblichen Autors stammt? Weil es von Mrs. Beechers Zeh (Stowe) geschrieben wurde.

Warum ist ein Fischhändler nie großzügig? Weil sein Geschäft ihn dazu zwingt, Fisch zu verkaufen (egoistisch).

Was ist das, was funktioniert, wenn es spielt, und spielt, wenn es funktioniert? Ein Brunnen.

Was ist das, von dem man das Ganze wegnehmen kann und dennoch etwas übrig bleibt? Das Wort „gesund".

Warum ist Geflügel für einen Landwirt das Sparsamste, was er halten kann? Weil es für jedes Korn einen Schnabelhieb gibt.

Warum ist es gefährlich, im Frühling auf den Wiesen spazieren zu gehen? Weil die Bäume schießen und das Rohrkolbengras austreibt.

Warum ist eine Rebe wie ein Soldat? Weil sie aufgelistet ist und zehn Bohrer (Ranken) und Triebe hat.

Wenn ein Mann, der ein Dutzend Glaslampen trägt, eine davon fallen lässt, was wird aus ihm? Er wird zum Lampenanzünder.

Was gehört Ihnen, wird aber mehr von Ihren Freunden als von Ihnen selbst verwendet? Ihr Name.

Ein Mann hatte zwanzig kranke (sechs) Schafe und eines starb; wie viele blieben übrig? Neunzehn.

Welcher ist der beste Tag, um einen Pfannkuchen zu machen? Freitag.

Was hat jeder schon einmal gesehen, wird es aber nie wieder sehen? Gestern.

Welche vier Buchstaben würden einem Dieb Angst einjagen? OIC U.

Warum ist eine Spinne ein guter Korrespondent? Weil sie bei jedem Post eine Zeile hinterlässt.

Wann ist die Uhr auf der Treppe gefährlich? Wenn sie abläuft.

Warum ähnelt der Buchstabe „k" einem Schweineschwanz? Weil er am Ende von Pork steht.

Was ist der Schlüssel zu guten Manieren? Natürlich.

Warum ist ein Fünfdollarschein viel lukrativer als fünf Silberdollar? Weil sich sein Wert verdoppelt, wenn Sie ihn in die Tasche stecken, und er sich vergrößert, wenn Sie ihn herausnehmen.

Warum ist eine Uhr wie ein Fluss? Weil sie nicht lange läuft, ohne aufgezogen zu werden.

Was ist das, was hoch fliegt, tief fliegt, keine Füße hat und dennoch Schuhe trägt? Staub.

Welche ist die kleinste Brücke der Welt? Der Nasenrücken.

Wann hat ein Mann vier Hände? Wenn er seine Fäuste verdoppelt.

Auf welche Bäume hat Feuer keine Wirkung? Eschen, denn wenn sie verbrennen, sind sie immer noch Asche.

Was ist der Unterschied zwischen einem Schulmeister und einem Lokomotivführer? Der eine kümmert sich um den Zug, der andere schult den Geist.

Was ist das, was von Chicago nach Philadelphia fährt, ohne sich zu bewegen? Die Straße.

Was ist einfacher zu buchstabieren – Fiddle-de-dee oder Fiddle-de-dum? Fiddle-de-dee, weil es mit mehr „e" geschrieben wird.

Wann kann man sagen, dass ein Stuhl Sie nicht mag? Wenn er Sie nicht ertragen kann.

Welches Tier nahm das meiste Gepäck mit in die Arche und welche beiden nahmen das wenigsten mit? Der Elefant nahm seinen Rüssel mit, während der Fuchs und der Hahn zusammen nur eine Bürste und einen Kamm mitnahmen.

Wenn ein Bär in ein Kurzwarengeschäft gehen würde, was würde er wollen? Er würde einen Maulkorb wollen.

Warum war der erste Tag in Adams Leben der längste? Weil es keine Eva gab.

Warum ist eine Wäscherin wie eine Navigatorin? Weil sie ihre Laken ausbreitet, die Linie überquert und von Pol zu Pol geht.

Warum kümmert sich ein Schneider nicht um seine Arbeit? Weil er immer etwas zuschneidet.

Wann kann ein Pferd eine meergrüne Farbe haben? Wenn es braun ist.

Warum waren Handschuhe nie für den Verkauf gedacht? Weil sie dafür gemacht sind, immer zur Hand zu sein.

Wann sind wir alle Künstler? Wenn wir ein langes Gesicht zeichnen.

Warum sind Wachhunde nachts größer als tagsüber? Weil sie nachts rausgelassen und morgens wieder hereingeholt werden.

Warum ist B wie heißes Feuer? Weil es Öl zum Kochen bringt.

Warum ist ein Schulmeister wie ein Schuhputzer? Weil er das Verständnis der Menschen aufpoliert.

Wann steht ein Ladenbesitzer immer über seinem Geschäft? Wenn er über seinem Laden lebt.

Welche ist die lebendigste Stadt der Welt? Berlin; weil sie immer an der Spree liegt.

Warum ist eine Seerose wie ein Wal? Weil beide zum Blasen an die Oberfläche kommen.

Warum ist ein Schuhmacher der fleißigste Mensch? Weil er bis zum letzten arbeitet.

Was ist Buchhaltung? Vergessen, ausgeliehene Bände zurückzugeben.

Warum ist das Aushöhlen einer Rübe ein lauter Vorgang? Weil sie dadurch hohl wird.

Warum sind Zähne wie Verben? Weil sie regelmäßig, unregelmäßig und defekt sind.

Welche Schiffe geraten kaum jemals außer Sicht? Die der Strapazen.

Wann ist ein Künstler eine gefährliche Person? Wenn seine Entwürfe schlecht sind.

Warum sind Schildpattkämme wie Zitadellen? Sie sind Festungen.

Warum ähnelt der Isthmus von Suez dem ersten „u" in Gurke? Weil er zwischen zwei „c" (Meeren) liegt.

Welches Motiv führte zur Erfindung der Eisenbahn? Das Lokomotivmotiv.

Warum mögen gehörlose Menschen holländischen Käse? Weil man ihn hier nicht herstellen kann.

Wann ist die beste Zeit, um auf See ein frisches Ei zu bekommen? Wenn das Schiff legt.

Wer war der erste Pfeifer? Der Wind.

Warum muss ein Reisender in der Wüste nie verhungern? Wegen des Sandes, der dort (in Form von Sandwiches) ist.

Warum ist Mitgefühl wie Blinde Kuh? Weil es Mitgefühl für ein Mitgeschöpf ist.

Wenn ein Franzose in eine Wanne mit Talg fallen würde, mit welchem Wort würde er seine Lage beschreiben? Unermüdlich.

Warum ist ein Abendessen an Bord eines Dampfschiffs wie der Ostertag? Weil es ein bewegliches Fest ist.

Buchstabieren Sie „Feind" mit drei Buchstaben. FO E.

Warum ist ein kleiner Mann wie ein gutes Buch? Weil er oft übersehen wird.

Warum ist ein Schwein in der Stube wie ein brennendes Haus? Weil es besser ist, je schneller es gelöscht wird.

Was ist der Unterschied zwischen einem Soldaten und einer Bombe? Der eine zieht in den Krieg, der andere geht in die Brüche.

Auf welche einzige Weise kann ein Leopard seine Flecken ändern? Indem er von einem Fleck zum anderen geht.

Warum hatte Eva keine Angst vor den Masern? Weil sie Adam gefürchtet hatte.

Wann ist ein großer Mann ein bisschen zu klein? Wenn er nicht genug Bargeld hat.

In welche Häuser kann man am leichtesten einbrechen? In die Häuser von Glatzköpfen, weil sie nur wenige Schlösser haben.

Warum ist eine Uhr das am schwierigsten zu stehlende Objekt? Weil man sie unvorbereitet stehlen muss.

Warum ist im Kloster nie jemand zu Hause? Weil es ein (e) unbewohnter Ort ist.

Warum ist ein Mensch, der nicht gut aussieht, ein besserer Zimmermann als einer, der gut aussieht? Weil er viel schlichter aussieht.

Welcher Baum sorgt am besten für Ordnung? Die Birke.

Warum ist Schuhmacher das einfachste aller Berufe? Weil die Schuhe immer besohlt werden, bevor sie hergestellt werden.

Welche Pflanze steht für Nr. 4? IV.

Wie kann ein Gärtner sparsam sein? Indem er das Beste aus seinem Thymian macht und immer etwas Sellerie auf die Bank legt.

Warum ist es wahrscheinlich, dass in der Arche Bier gebraut wurde? Weil das Känguru mit dem Hopfen hineinkam und der Bär immer ein Braunbär war.

„Was war das Größte, das Sie auf der Panama Exposition gesehen haben?", fragte eine Frau ihren Mann. „Meine Hotelrechnung!", sagte er.

Warum ist C wie eine Lehrerin? Weil es die Mädchen in Klassen einteilt.

Was ist das, was niemals Fragen stellt und dennoch viele Antworten verlangt? Die Haustür.

Wenn ein Mann mit dem Kopf gegen die Decke eines Zimmers stößt, mit welchem Schreibwarenartikel würde er versorgt werden? Deckenschläge (Siegelwachs).

Welcher ist der älteste Baum im Land? Der Holunderbaum.

Welches ist das längste Wort der englischen Sprache? Lächeln; denn zwischen dem ersten und dem letzten Buchstaben liegt eine Meile.

Was passiert in einem Augenblick zweimal, aber nicht einmal in tausend Jahren? Der Buchstabe M.

Wie viele Seiten hat ein Baum? Zwei, innen und außen.

In welchem Meer würde ein Mann an einem regnerischen Tag am liebsten sein? In einem trockenen Dachboden (Adria).

Warum ist Kaffee wie eine Axt mit stumpfer Schneide? Weil er vor der Verwendung gemahlen werden muss.

Was ist der Unterschied zwischen einer Medizinflasche und einem lästigen Jungen? Die eine muss vor der Einnahme gut geschüttelt werden, die andere muss eingenommen und dann geschüttelt werden.

Was macht mehr Lärm als ein Schwein unter einem Tor? Zwei Schweine.

Wann ist eine Tür keine Tür? Wenn sie offen steht.

Was ist der Unterschied zwischen einem unartigen Jungen und einer Briefmarke? Denn den einen klebt man mit einem Leck, den anderen leckt man mit einem Stock.

Warum schauderte Wilhelm Tell, als er den Apfel vom Kopf seines Sohnes schoss? Weil sein Kind damit einem Pfeil entkommen konnte.

Was ist das, was umso größer wird, je mehr man davon nimmt? Ein Loch.

Welches ist das beste Land für kleine Kätzchen? Lappland.

Warum sollte ein Mann immer eine Uhr tragen, wenn er in einer wasserlosen Wüste unterwegs ist? Weil jede Uhr eine Feder hat.

Welchen Beruf hat die Sonne? Sie ist Gerberin.

Welche Beziehung besteht zwischen einer Fußmatte und einer Tür? Stiefvater.

Was ist das, was Du nicht zehn Minuten lang anhalten kannst, obwohl es so leicht wie eine Feder ist? Deinen Atem.

Welches Wetter ist für Ratten und Mäuse am schlimmsten? Wenn es in Strömen regnet.

Was ist das, was seine Zähne niemals zum Essen verwendet? Ein Kamm.

Wann sind zwei Äpfel gleich? Wenn man sie schält.

Was ist der Unterschied zwischen einem Blinden und einem Seemann im Gefängnis? Der eine kann nicht sehen, was er braucht, und der andere kann nicht zur See fahren.

Warum ist ein Pflaumenkuchen wie das Meer? Weil er so viele Johannisbeeren enthält.

Was macht den besten Cricketspieler aus? Ein guter Schlagmann.

Wann ist ein Seemann kein Seemann? Wenn er an Bord ist.

Warum ist der Schnee anders als am Sonntag? Weil er an jedem Tag in der Woche fallen kann.

Welchen Beruf würden Sie einem kleinen Jungen nennen? Wachsen Sie, Sir (Lebensmittelhändler).

Welcher Baum ist dem Meer am nächsten? Die Buche.

Warum ist ein Kartenspiel wie ein Holzlagerplatz? Weil es darin immer sehr viele Deals gibt.

Warum ist ein enger Stiefel wie eine Eiche? Weil er einen Mais (Eichel) hervorbringt.

Warum ist eine Stadt in Irland wahrscheinlich die größte Stadt der Welt? Weil es jedes Jahr Dublin ist (und sich die Zahl verdoppelt).

Wie kann man eine Tür am einfachsten verschlucken? Indem man sie verriegelt.

Warum ist ein Tanzmeister wie ein Baum? Wegen seiner Bögen (Äste).

Nennen Sie ein Wort mit fünf Buchstaben, von dem, wenn Sie zwei nehmen, nur „einer" übrig bleibt. Stein.

Warum ist A wie zwölf Uhr? Es ist die Mitte des "Tages"

Wann ist ein Mann dünner als eine Latte? Wenn er sich rasiert.

Gedankenlesen

Dies ist ein sehr gutes Spiel, das immer für erhebliche Belustigung sorgt und bei geschickter Durchführung die ganze Gesellschaft mit großem Erfolg in Erstaunen versetzt.

Es ist notwendig, dass der Spieler, der die Rolle des Gedankenlesers übernehmen soll, einen Verbündeten hat. Das Spiel wird dann wie folgt gespielt:

Der Gedankenleser hat vereinbart, dass der Verbündete ein bestimmtes Wort schreiben soll. Er bittet zunächst vier Mitglieder der Gruppe, jeweils ein Wort auf ein Stück Papier zu schreiben, es so zusammenzufalten, dass es nicht zu sehen ist, und es ihm dann zu geben. Der Verbündete meldet sich natürlich freiwillig, um eines der vier zu schreiben, und schreibt das zuvor vereinbarte Wort, das, wie wir annehmen, „Ohio" lautet.

Der Gedankenleser legt die Zettel zwischen seine Finger und achtet dabei darauf, dass der Zettel seines Verbündeten zwischen den Mittel- und kleinen Finger kommt. Dann nimmt er den gefalteten Zettel zwischen Daumen und Zeigefinger hervor und reibt ihn, so wie er gefaltet ist, über seine Stirn. Bei jeder Reibung erwähnt er einen Buchstaben, wie O, reiben, H, reiben, IO, und ruft dann, dass eine Dame oder ein Herr „Ohio" geschrieben hat. „Das habe ich", antwortet der Verbündete.

Der Gedankenleser öffnet dann das Papier, sieht es sich an und steckt es in seine Tasche; er hat sich jedoch eines der anderen Papiere angesehen.

Somit ist er nun in der Lage, ein weiteres Wort zu buchstabieren, was er anschließend auf die gleiche Weise tut, und so geht das Spiel weiter, bis alle Zettel vorgelesen wurden.

Der Kissentanz

Die Kinder teilen sich zunächst in zwei Gruppen auf. Sie bilden dann einen Kreis und beginnen, um einen Sitzhocker herum zu tanzen, der mit dem Ende nach oben in der Mitte des Raumes steht. Plötzlich versucht eine Gruppe, die andere Gruppe nach vorne zu ziehen, um einen von ihnen zu zwingen, gegen den Sitzhocker zu treten und ihn umzuwerfen.

Der Spieler, der das Pech hatte, das Sitzkissen zu berühren, muss dann den Kreis verlassen. Das Spiel wird fortgesetzt, bis nur noch zwei übrig sind. Wenn diese beiden Jungen sind, wird der Kampf normalerweise länger, da sie so leicht über das Sitzkissen springen und vermeiden können, dagegen zu treten.

Der Bauernhof

Dieses Spiel ist, wenn es richtig ausgeführt wird, sehr unterhaltsam. Einer aus der Gruppe kündigt an, dass er jedem den Namen eines Tieres zuflüstern wird, das auf ein bestimmtes Signal hin so laut wie möglich nachgeahmt werden muss. Anstatt jedoch jedem den Namen eines Tieres zu nennen, flüstert er der gesamten Gruppe, mit Ausnahme eines, zu, vollkommen still zu sein. Diesem flüstert er zu, dass das Tier, das er nachahmen soll, der Esel ist. Nach kurzer Zeit, damit sich alle bereit machen können, wird das Signal gegeben. Anstatt dass die ganze Gruppe die Geräusche verschiedener Tiere macht, ist nichts zu hören als ein lautes Geschrei des einen unglücklichen Mitglieds der Gruppe.

"Ich zeige"

Bei diesem Spiel muss der Spieler, der den Rater spielt, einen Komplizen haben. Dann kann er den Raum verlassen und bei seiner Rückkehr sagen, auf welche Person während seiner Abwesenheit gezeigt wurde. Das geht folgendermaßen: Der Rater und sein Komplize vereinbaren, dass die Person, die zuletzt spricht, bevor die Tür hinter dem Rater geschlossen wird, die Person ist, auf die gezeigt werden soll. Es kommt sehr selten vor, dass jemand diesen Trick entdeckt.

Diamant-Ring

Die Spieler sitzen im Kreis und legen ihre Hände Handfläche an Handfläche, die kleinen Finger nach unten, zwischen die Knie. Eines der Spieler wird ausgewählt, um die Rolle des Dienstmädchens zu spielen. Sie nimmt einen Ring zwischen ihre Handflächen und hält diese flach zusammen, so wie die anderen. Dann besucht sie nacheinander jede Person und legt ihre Hände zwischen die Handflächen jedes Einzelnen, so dass sie jemandem den Ring in die Hand stecken kann, ohne dass die anderen es merken. Wenn sie alle besucht hat, berührt sie ein Kind und sagt:

„Meine Dame hat ihren Diamantring verloren;

Ich vertraue darauf, dass Sie es finden."

Das berührte Kind muss dann erraten, wer den Ring hat. Wenn es richtig rät, wird es zur Magd; wenn nicht, muss es eine Strafe zahlen. Die Magd berührt dann jemand anderen und wiederholt die beiden oben genannten Zeilen. Jedem Rater werden möglicherweise drei Versuche gewährt.

Der verbotene Brief

Die Idee dieses Spiels besteht darin, zu versuchen, wie viele Sätze gesprochen werden können, ohne einen bestimmten, vereinbarten Buchstaben zu enthalten. Angenommen, der Buchstabe „f" soll beispielsweise nicht eingeführt werden, könnte der erste Spieler fragen: „Ist das ein neues Spiel für Sie?" Der zweite Spieler könnte antworten: „Oh nein! Ich habe es vor Jahren gespielt, als ich noch ganz jung war."

Er würde sich vielleicht an den dritten Spieler wenden und fragen: „Du erinnerst dich doch daran, oder?" Der dritte Spieler würde antworten: „Ja, aber wir haben es früher anders gespielt." Dieser Spieler, der ein Wort mit einem „f" verwendet hat, muss eine Strafe zahlen und darf nicht mitspielen.

Die Antworten müssen sofort und ohne Zögern gegeben werden und der Spieler, der die Verwendung eines Wortes mit dem verbotenen Buchstaben am längsten vermeidet, gewinnt das Spiel.

Großmufti

Einer aus der Gruppe wird zum Großmufti gewählt. Die anderen bilden dann einen Kreis mit dem Großmufti in der Mitte, und jede Handlung, die er ausführt, muss von jedem Mitglied des Kreises nachgeahmt werden, sofern ihr die Worte „So spricht der Großmufti" vorangestellt sind.

Um einen Teilnehmer in die Irre zu führen, unterlässt der Großmufti manchmal die Worte: „So spricht der Großmufti." In diesem Fall muss ein Teilnehmer, der seine Handlung nachahmt, eine Strafe zahlen.

Magisches Schreiben

Bei diesem Spiel ist ein Verbündeter erforderlich. Der Spieler erklärt der Gesellschaft nach einigen Bemerkungen zur alten Zeichensprache, dass er Zeichen lesen kann, die mit einem Stock auf den Boden gemacht werden, und erklärt sich bereit, den Raum zu verlassen, während sich die Gesellschaft auf ein Wort oder einen Satz einigt.

Das Spiel läuft folgendermaßen ab: Der Spieler und sein Komplize vereinbaren, dass ein Klopfen auf den Boden A, zwei Klopfen E, drei Klopfen I, vier Klopfen O und fünf Klopfen U darstellen soll und dass der erste Buchstabe jeder Bemerkung des Komplizen einer der Konsonanten des von der Gruppe festgelegten Wortes oder Satzes sein soll. Die Konsonanten müssen der Reihe nach genannt werden. Bei der Rückkehr des Spielers, angenommen, das gewählte Wort ist „März", würde sein Komplize beginnen: „Viele Leute denken, dieses Spiel sei eine Täuschung" (Anfangsbuchstabe M). Ein Klopfen auf den Boden (A). „Eigentlich ist es ganz einfach" (Anfangsbuchstabe R). „Wird bald zu Ende sein" (Anfangsbuchstabe C). „Ich hoffe, es war ganz klar" (Anfangsbuchstabe H).

Um nicht zu abrupt zu enden, werden noch ein paar Zeichen gemacht, und dann sagt der Spieler das Wort „März". Wenn dieses Spiel sorgfältig durchgeführt wird, wird es das Publikum für eine beträchtliche Zeit fesseln.

Blumen

Die Gruppe teilt sich in gleich große Seiten auf, und jede Seite muss ein „Zuhause" in gegenüberliegenden Ecken des Raumes haben. Die Seiten ziehen sich in ihre eigenen „Zuhäuser" zurück, und eine Seite wählt privat eine Blume aus, geht dann in die andere Ecke und nennt den Anfangsbuchstaben dieser Blume. Die Kinder auf der zweiten Seite müssen versuchen, den Namen der Blume zu erraten, und wenn sie das geschafft haben, fangen sie so viele Blumen der anderen Seite wie möglich, bevor sie ihr „Zuhause" erreichen.

Die Gefangenen müssen auf die andere Seite wechseln und das Spiel geht so lange weiter, bis eine Seite alle Kinder gewonnen hat. Die Seiten nennen abwechselnd den Namen der Blume. Dieses Spiel kann auch im Garten gespielt werden.

Fuchs und Gänse

Einer aus der Gruppe, der Fuchs, geht an ein Ende des Raumes, und die übrigen Kinder stellen sich in einem Kreis hintereinander auf, das größte zuerst und das kleinste zuletzt. Das erste heißt Mutter Gans. Das Spiel beginnt mit einem Gespräch zwischen dem Fuchs und der Mutter Gans. „Was willst du an diesem schönen Morgen?", sagt sie. „Spazieren gehen", antwortet der Fuchs. „Wozu?" „Um Appetit aufs Frühstück zu bekommen." „Was willst du zum Frühstück?" „Eine schöne fette Gans." „Woher willst du sie nehmen?" „Na, da deine Gänse so praktisch sind, nehme ich eine davon." „Fang eine, wenn du kannst."

Dann streckt die Gansmutter ihre Arme aus, um ihre Gänse zu schützen und zu verhindern, dass der Fuchs eine fängt. Der Fuchs versucht, rechts und links darunter durchzuweichen, bis er das letzte Stück der Schnur fangen kann. Natürlich muss die Brut versuchen, sich außerhalb der Reichweite des Fuchses zu halten. Wenn die Gänse gefangen sind, müssen sie zur Höhle des Fuchses gehen, und das Spiel geht weiter, bis alle gefangen sind.

„Ich verkaufe meinen Schläger, ich verkaufe meinen Ball"

Es wird ein Kreis gebildet, in dessen Mitte sich ein Kind befindet, das „Trommler" genannt wird. Was auch immer dieses Kind tut, die anderen ahmen es nach, bewegen sich dabei im Kreis und singen die folgenden Worte:

"Ich verkaufe meinen Schläger, ich verkaufe meinen Ball,

Ich verkaufe mein Spinnrad und alles;

Und ich werde alles tun, was ich kann

Den Augen des Trommlers folgen."

Wer den „Trommler" nicht sofort nachahmt, muss eine Strafe zahlen und dessen Platz als „Trommler" einnehmen.

"Wie ist mein Gedanke?"

Die Spieler sitzen im Kreis und einer fragt die anderen: „Wie sieht mein Gedanke aus?" Ein Spieler sagt vielleicht: „Ein Affe", der zweite: „Eine Kerze", der dritte: „Eine Stecknadel" und so weiter. Wenn alle den Gedanken mit einem Gegenstand verglichen haben, sagt der erste Spieler ihnen, was er dachte – vielleicht ist es „die Katze" – und fragt dann jeden der Reihe nach, warum er dem Gegenstand ähnelt, mit dem er ihn verglichen hat.

„Warum ist meine Katze wie ein Affe?" wird gefragt. Der andere Spieler könnte antworten: „Weil sie voller Tricks ist." „Warum ist meine Katze wie eine Kerze?" „Weil ihre Augen im Dunkeln wie eine Kerze leuchten." „Warum ist meine Katze wie eine Stecknadel?" „Weil ihre Krallen wie eine Stecknadel kratzen."

Wer nicht erklären kann, warum der Gedanke dem von ihm genannten Gegenstand ähnelt, muss eine Strafe zahlen.

Fadenspiel

Nehmen Sie ein Stück Schnur, verknoten Sie die Enden und ziehen Sie es über Ihre Hände, wie in Abb. 1.

Wickeln Sie anschließend die Schnur um Ihre Hände, wobei Sie den Daumen ausnehmen, wie in Abb. 2.

Führen Sie den Mittelfinger durch die Schnur an Ihren Händen und Sie erhalten Ihr Fadenspiel, wie in Abb. 3.

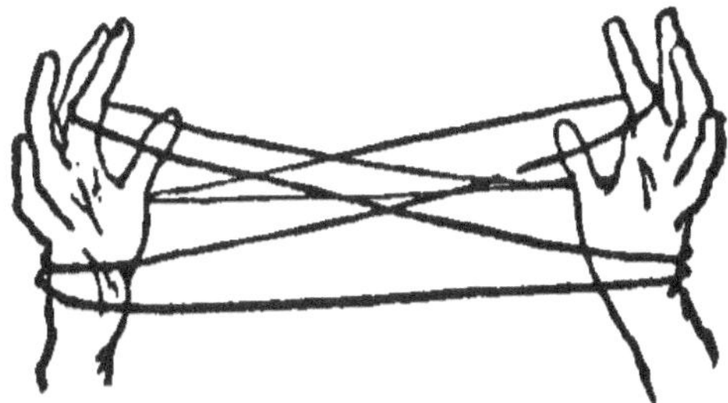

Sie müssen nun eine zweite Person bitten, ihre Daumen und Zeigefinger durch die Halterung zu stecken, wie in Abb. 4.

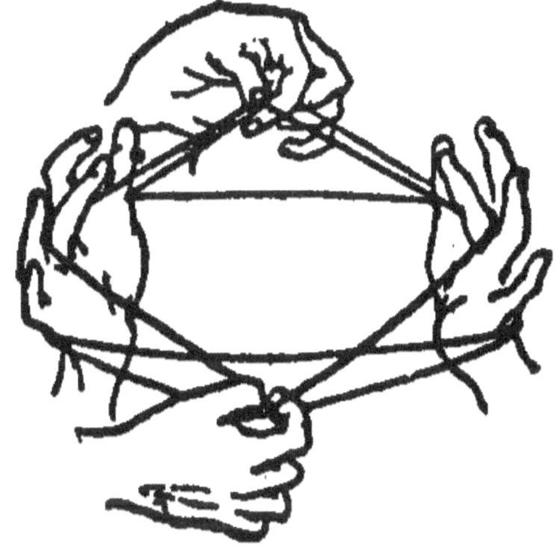

Ziehen Sie die Schnur heraus und führen Sie sie unter die Wiege, und Sie erhalten Abb. 5.

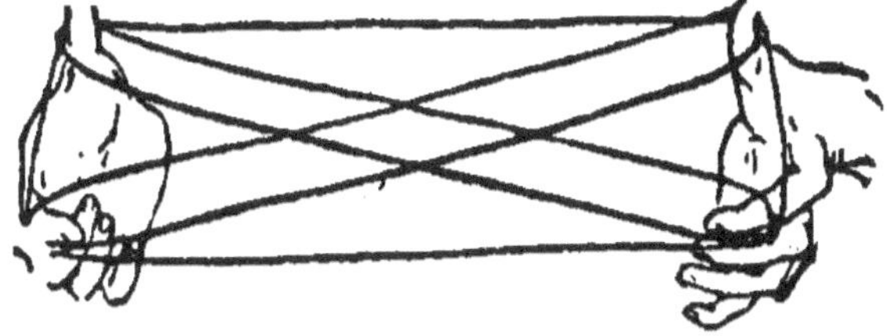

Schieben Sie Daumen und Zeigefinger erneut in die Seitenteile der Wiege, ziehen Sie die Schnur seitwärts und führen Sie sie unter die Wiege, und Sie erhalten Abb. 6.

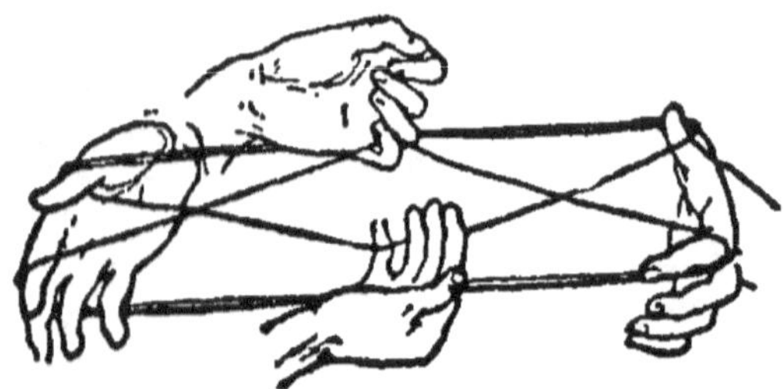

Legen Sie nun die kleinen Finger um die Schnur, schieben Sie sie wie gezeigt untereinander und ziehen Sie die Seitenteile heraus.

Schieben Sie Daumen und Zeigefinger unter die Seitenschnur und führen Sie sie in die Mitte, und schon haben Sie Ihr ursprüngliches Fadenspiel wieder.

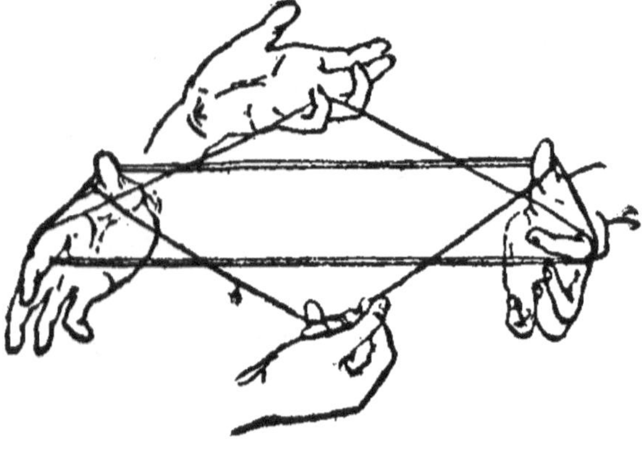

Personifikationen

Bei diesem Spiel setzt sich die Gruppe im Kreis hin und einer der Spieler beginnt, eine Person zu beschreiben, die den meisten anderen Spielern bekannt ist. Dies macht er so lange, bis einer der beiden Spieler anhand der Beschreibung erraten kann, um welche Person es sich handeln könnte.

Derjenige, der richtig geraten hat, beginnt dann, jemanden zu beschreiben. Wenn die Gruppe jedoch keine richtige Vermutung anstellen kann, macht der Spieler weiter, bis jemand erfolgreich ist.

Frosch in der Mitte

Ein Kind sitzt mit untergestreckten Beinen auf dem Boden, die anderen Spieler bilden einen Kreis um es. Sie ziehen es herum und geben ihm leichte Stöße, und es muss versuchen, einen Stoß zu fangen, ohne vom Boden aufzustehen.

Das gefangene Kind nimmt die Mitte ein, während der Frosch sich dem Kreis anschließt.

Riese

Dieses Spiel muss als Überraschung für die versammelte Gesellschaft gestaltet werden. Der Riese besteht aus zwei Jugendlichen, von denen sich einer auf die Schultern seines Freundes setzt. Dann wird ein großer Mantel über sie geworfen, damit es so aussieht, als wäre es nur eine Person, und der obere Junge kann eine Maske tragen, damit man ihn nicht erkennt. Dann betritt der Riese den Raum und beginnt zu tanzen. Dieses Spiel bereitet den kleinen Leuten großen Spaß.

Hahnenkampf

Dies ist ein sehr unterhaltsames Spiel, und obwohl nur zwei Jungen gleichzeitig mitspielen können, bringen sie die übrigen Jungs zum Lachen. Nachdem die beiden, die die „Hähne" darstellen sollen, ausgewählt wurden, setzen sie sich beide auf den Boden.

Die Handgelenke jedes Jungen werden mit einem Taschentuch zusammengebunden und die Beine knapp über den Knöcheln mit einem weiteren Taschentuch gesichert. Die Arme werden dann über die Knie gelegt und ein Besenstiel wird über einen Arm, unter beide Knie und auf der anderen Seite über den anderen Arm wieder hinausgeschoben. Die „Hähne" gelten nun als kampfbereit und werden in die Mitte des Raumes getragen und einander gegenübergestellt, wobei sich ihre Zehen gerade berühren. Jetzt beginnt der Spaß.

Jeder „Hahn" versucht mit Hilfe seiner Zehen seinen Gegner auf den Rücken oder die Seite zu drehen.

Wem dies zuerst gelingt, der hat das Spiel gewonnen.

Es kommt häufig vor, dass sich beide „Hähne" gleichzeitig umdrehen, wenn der Kampf erneut beginnt.

Spiele mit dem Alphabet

Für diese Spiele ist es notwendig, eine große Schachtel mit Buchstaben bereitzustellen, die in jedem Spielwarenladen gekauft oder von den Jugendlichen selbst aus Zeitungen ausgeschnitten werden können. Die Kinder setzen sich um den Tisch; die Buchstaben werden dann gut gemischt und an die Spieler verteilt. Jedes Kind muss aus den Buchstaben, die es erhalten hat, ein Wort oder einen Satz bilden. Eine andere Variante besteht darin, ein langes Wort auszuwählen und dann in einer bestimmten Zeit zu versuchen, mehrere Wörter daraus zu bilden. Es können auch Namen bekannter Personen, Orte usw. genannt werden. Diese Spiele sind nicht nur unterhaltsam, sondern dienen gleichzeitig der Belehrung der Jugendlichen.

Honigtöpfe

Für die Kleinen gibt es kaum ein beliebteres Spiel als „Honigtöpfe". Kleine Kinder von drei und vier Jahren können an diesem Spiel teilnehmen, aber es sollten zwei größere Kinder als „Käufer" und „Händler" dabei sein. Die Kinder, mit Ausnahme des Käufers und des Händlers, setzen sich auf den Boden des Raumes, legen ihre Knie an und legen ihre Hände um sie herum. Diese Kinder werden „Honigtöpfe" genannt. Der Händler und der Käufer sprechen dann über die Qualität und Quantität des Honigs und den Preis jedes Topfes. Es wird vereinbart, dass der zu zahlende Preis dem Gewicht des „Honigs" und des „Topfes" entspricht. Die Kinder werden sorgfältig „gewogen", indem sie zwei- oder dreimal vom Boden hochgehoben und an den Armen hin und her geschwungen werden, wobei ein Arm vom Händler und der andere vom Käufer gehalten wird.

Als alle „Honigtöpfe" gewogen sind, sagt der Käufer, er werde den gesamten Vorrat kaufen, und bittet den Händler, ihm zu helfen, die Töpfe nach Hause zu tragen. Dann tragen der Händler und der Käufer die Kinder nacheinander ans andere Ende des Raumes.

Als alle sicher im Haus des Käufers angekommen sind, verlässt der Händler den Raum, kommt aber plötzlich zurück und sagt zum Käufer: „Ich glaube, Sie haben meine kleine Tochter in einem der Honigtöpfe entführt." Der Käufer antwortet: „Das glaube ich nicht. Sie haben mir alle Töpfe voll Honig verkauft, aber wenn Sie mir nicht glauben, können Sie ihn probieren."

Der Händler tut dann so, als würde er den Honig probieren, und ruft, nachdem er zwei oder drei Töpfe probiert hat: „Ah! Das schmeckt sehr nach meiner kleinen Tochter." Das kleine Mädchen, das den vom Händler ausgewählten Honigtopf darstellt, ruft dann: „Ja, ich bin Ihr kleines Mädchen", springt sofort auf und rennt davon, während der Käufer gleichzeitig versucht, es zu fangen.

Wenn ein Honigtopf wegläuft, tun alle anderen dasselbe, der Käufer fängt, wen er kann, und das Spiel beginnt von neuem.

Das Buchstabierspiel

Jeder Spieler in diesem Spiel hat drei sogenannte „Leben" oder Chancen. Wenn die Gruppe im Kreis sitzt, nennt der erste Spieler einen Buchstaben als Anfang eines Wortes. Das Spiel besteht darin, dass jeder aus der Gruppe nacheinander einen Buchstaben hinzufügt und das Wort so lange wie möglich unvollendet lässt.

Wenn ein Buchstabe zu den vorherigen Buchstaben hinzugefügt wird und ein vollständiges Wort ergibt, verliert die Person, die es vervollständigt hat, ein „Leben". Der nächste Spieler beginnt dann erneut.

Jeder hinzugefügte Buchstabe muss Teil eines Wortes sein und darf kein spontaner Sonderling sein. Wenn Zweifel bestehen, ob der vom letzten Spieler verwendete Buchstabe der richtige ist, kann er herausgefordert werden und muss dann das Wort nennen, an das er beim Hinzufügen des Buchstabens gedacht hat. Wenn er das Wort nicht nennen kann, verliert er ein „Leben", wenn er es aber kann, verliert der Herausforderer.

Dies ist ein Beispiel, wie das Spiel gespielt werden sollte. Angenommen, der erste Spieler beginnt mit dem Buchstaben „p", der nächste, der an „play" denkt, fügt ein „l" hinzu, der nächste ein „o" und denkt dabei an „plough", der nächste, dem keines dieser Wörter einfällt, fügt ein „v" hinzu, der nächste Spieler, der vielleicht nicht weiß, an welches Wort der vorherige Spieler gedacht hat, könnte ihn herausfordern und würde ein „Leben" verlieren, wenn ihm gesagt wird, dass das Wort „plover" ist. Der nächste Spieler, der an der Reihe ist, würde dann ein neues Wort beginnen und vielleicht ein „b" hinschreiben und dabei an „bat" denken, der nächste, der beispielsweise denkt, dass das Wort „bone" ist, würde ein „o" hinzufügen, der nächste Spieler würde ein „n" hinzufügen, der Spieler, der jetzt an der Reihe ist, würde kein „Leben" verlieren, indem er das Wort beendet, und ein weiteres „n" hinzufügen, der nächste Spieler würde aus demselben Grund ein „e" hinzufügen, und dann bliebe dem nächsten nichts anderes übrig, als das Wort zu vervollständigen, indem er ein „t" hinzufügt und so ein „Leben" verliert.

Man wird sehen, dass es drei Möglichkeiten gibt, ein „Leben" zu verlieren. Erstens kann der Spieler einen Buchstaben hinlegen und bei einer Aufforderung nicht in der Lage sein, das Wort zu nennen. Zweitens kann er selbst einen anderen Spieler herausfordern, der nichts falsch gemacht hat. Drittens kann er gezwungen sein, den letzten Buchstaben an ein Wort anzuhängen und es so zu vervollständigen.

Dies ist ein äußerst unterhaltsames Spiel für eine große Gruppe, denn wenn die verschiedenen Personen ihre drei „Leben" verlieren, schrumpft die Anzahl der Spieler allmählich auf zwei oder drei, und dann wird es sehr spannend, zu sehen, wer als Letzter übrig bleibt, denn er oder sie wird zum Gewinner erklärt.

„Schöpfe einen Eimer Wasser.“

„Schöpfe einen Eimer Wasser

Für die Tochter meiner Dame;

Mein Vater ist ein König und meine Mutter ist eine Königin,

Meine beiden kleinen Schwestern sind grün gekleidet;

Gras und Petersilie stampfen,

Ringelblumenblätter und Gänseblümchen,

Ein Ansturm, zwei Anstürme,

Ich bitte dich, feine Dame, komm unter meinen Busch."

Zwei Kinder stehen sich gegenüber und halten sich an den Händen. Zwei weitere stehen sich ebenfalls gegenüber und halten sich an den Händen. Sie wippen vor und zurück und singen dabei die obigen Zeilen.

Wenn sie zu der Zeile „Bitte, feine Dame, komm unter meinen Busch" kommen, huscht ein anderes Kind unter und kommt zwischen den Armen eines Kindes hervor. Sie singen die Strophe erneut und ein weiteres Kind kriecht unter ein weiteres Paar Arme, und so weiter, bis acht Kinder einander gegenüberstehen. Sie müssen dann auf und ab springen, bis eines herunterfällt, und es ist fast sicher, dass es die anderen umzieht.

Fragen und Antworten

Jeder Spieler erhält einen Bleistift und zwei Zettel. Auf den ersten Zettel muss eine Frage geschrieben werden. Die Zettel werden dann eingesammelt und in eine Tasche oder einen Korb gelegt.

Anschließend schreiben die Spieler ihre Antwort auf ihren zweiten Zettel. Diese kommen in einen anderen Beutel, beide Beutel werden gut geschüttelt und an die Firma weitergegeben.

Jeder zieht eine Frage und eine Antwort und muss diese anschließend der Gruppe vorlesen.

Das Ergebnis ist manchmal sehr komisch; zum Beispiel:

Fragen

Magst du Rosen?

Wohin geht es diesen Sommer?

Magst du Rindfleisch?

Magst du Spinnen?

Antworten

Ja, mit Senf.

Ich habe große Angst vor ihnen.

Ja, ohne Dornen.

In die Schweiz.

Ente unter Wasser

Jedes Kind sucht sich einen Partner aus und stellt sich ihm gegenüber, so dass zwei lange Reihen entstehen. Jedes Paar hält ein Taschentuch zwischen sich, so hoch es die Arme heben kann, sodass ein Bogen entsteht. Das Paar, das oben in der Reihe steht, läuft durch den Bogen, ohne sein Taschentuch loszulassen, und stellt sich am Ende der Reihe auf, wobei es sein Taschentuch wieder hebt, sodass der Bogen weitergeht. Dies wird von jedem Paar der Reihe nach wiederholt, bis alle an der Reihe waren. Wer den Bogen durchbricht oder das Taschentuch fallen lässt, muss eine Strafe zahlen.

Verwunderung

Es müssen nur zwei Personen aus der Gruppe Kenntnisse über dieses Spiel haben, dann ist das Ergebnis garantiert „Verwunderung".

Die beiden Spieler einigen sich darauf, dass ein bestimmtes Wort als Signalwort angesehen wird. Zur Veranschaulichung stelle man sich dieses Wort als „und" vor.

Einer der Spieler beteuert, er sei mit dem zweiten Gesicht begabt und könne durch eine geschlossene Tür jeden Gegenstand benennen, den eine ihm sympathische Person berührt, auch wenn die besagte Person versucht, ihn durch die Nennung einer Menge anderer Gegenstände in die Irre zu führen. Dann wählt er seinen Verbündeten als jemanden, mit dem er sympathisieren könnte, und geht nach draußen.

Der Spieler im Raum ruft dann beispielsweise Folgendes: Tisch, Teppich, Klavier, Hocker und Stuhl, Lampe, Tintenfass. Dann legt er seine Hand auf die Stuhllehne und fragt: „Was berühre ich jetzt?" Die Antwort wird natürlich „Stuhl" sein, da das Signalwort „und" unmittelbar vor diesem Artikel stand.

Wenn die Spieler geschickt sind, muss der Trick nicht entdeckt werden.

„Mutter, Mutter, der Topf kocht über"

Einige Kinder wählen eines aus ihrer Mitte als „Mutter" und ein anderes als Hexe. Ein Kind stellt den Topf dar und die anderen werden nach den Wochentagen benannt: Sonntag, Montag, Dienstag usw. Wenn es zu viele Kinder gibt, werden sie möglicherweise nach den Monaten benannt.

Die Mutter nennt zuerst die Namen der Kinder, dann nimmt sie den Topf und tut so, als ob sie ihn aufs Feuer stellen würde. Sie sagt der ältesten Tochter, dass sie waschen geht und dass sie während ihrer Abwesenheit gut auf ihre Geschwister aufpassen muss und die alte Hexe auf keinen Fall ins Haus lassen darf. Sie soll auch auf das Abendessen aufpassen und dafür sorgen, dass der Topf nicht überkocht. Dann geht die Mutter weg und die älteste Tochter tut so, als ob sie sehr beschäftigt wäre.

Das Kind, das die Hexe sein soll, klopft an die Tür und fragt, ob es hereinkommen und Feuer für seine Pfeife holen darf. Es muss so tun, als sei es sehr alt und mit einem Stock gehen.

„Komm rein", sagt die älteste Tochter, „was willst du?"

„Um meine Pfeife an Deinem Feuer anzuzünden."

„Na gut, aber Sie dürfen den Herd nicht verschmutzen."

„Sicher nicht. Ich werde sehr vorsichtig sein."

Während die älteste Tochter so tut, als suche sie etwas im Regal, stellt die Hexe ihren schmutzigen Schuh auf den Herd, schnappt sich Montag (das jüngste Kind) und rennt mit ihm davon. Das Kind, das nun der Topf ist, macht ein zischendes Geräusch und tut so, als würde es überkochen. Die Tochter ruft:

„Mutter, Mutter, der Topf kocht über."

„Nehmen Sie einen Löffel und schöpfen Sie den Schaum ab."

"Kann keinen finden."

"Schau ins Regal."

"Kann nicht erreicht werden."

„Nimm den Stuhl."

"Das Bein ist gebrochen."

„Nehmen Sie den Stuhl."

„Der Stuhl muss repariert werden."

„Ich schätze, ich muss selbst kommen."

Die Mutter kommt vom Waschzuber herein und trocknet sich die Hände.

„Wo ist Montag?", fragt sie.

„Bitte, Mutter, jemand kam und bettelte um Feuer für ihre Pfeife, und als ich mich umdrehte, nahm sie den Montag."

„Das war doch die Hexe."

Die Mutter tut so, als ob sie die älteste Tochter schlagen würde, sagt ihr, sie solle ein anderes Mal vorsichtiger sein, und geht zurück zum Waschzuber.

Das Spiel geht dann weiter wie zuvor, und jedes Mal, wenn die Hexe kommt, nimmt sie ein Kind mit, bis ihr schließlich sogar die älteste Tochter weggenommen wird. Der Topf kocht zum letzten Mal über, und dann stellt die Mutter fest, dass alle ihre Kinder verschwunden sind, und geht zum Haus der Hexe, um sie zu suchen. Daraufhin kommt es zu folgendem Gespräch:

„Ist das der Weg zum Hexenhaus?"

„Da vorne ist ein Red Bull."

„Dann gehe ich diesen Weg."

„Dort drüben gibt es eine verrückte Kuh."

Aber die Mutter besteht darauf, ins Haus der Hexe zu gehen, um ihre Kinder zu suchen. Die Hexe versteckt die Kinder normalerweise hinter Stühlen. Die Mutter beugt sich über ein Kind: „Das schmeckt nach Montag", sagt sie, aber die Hexe antwortet: „Das! Es ist ein Fass Schweinefleisch."

„Nein, nein", sagt die Mutter, „es ist mein Montag, und da sind die anderen Kinder." Die Kinder springen nun heraus und rennen mit ihrer Mutter nach Hause; die Hexe läuft hinter ihnen her, und wer auch immer sie fängt, wird zur Hexe, während die Hexe zur ältesten Tochter wird.

Die Ameisen und die Heuschrecke

Es wird per Los entschieden, wer die Heuschrecke sein soll. Die Ameisen setzen sich dann in einen Kreis, während die Heuschrecke auf ein Stück Papier den Namen eines Getreides oder Nahrungsmittels schreibt, das einer Heuschrecke vermutlich schmeckt. Sie steckt es in ihre Tasche und wendet sich dann an die Ameisen:

„Liebe Freunde, ich habe großen Hunger. Wäre jemand von euch so freundlich, mir etwas zu essen zu geben?"

„Ich habe nichts außer einem Gerstenkorn", sagt die angesprochene Ameise.

"Danke, das hilft mir nichts", antwortet die Heuschrecke und geht zum nächsten Spieler. Sobald jemand das Futterkorn anbietet, das die Heuschrecke aufgeschrieben hat, muss der Zettel hervorgeholt werden, und derjenige, der das Wort erraten hat, zahlt eine Strafe und wird zur Heuschrecke. Errät niemand das Wort, zahlt die Heuschrecke eine Strafe.

Anschließend wird das Spiel genauso fortgesetzt, mit der Ausnahme, dass in der zweiten Runde eine andere Frage gestellt wird.

„Nachbarn", sagt die Heuschrecke, „ich habe reichlich gegessen und möchte tanzen. Was würdet ihr empfehlen?"

Es wird ein Walzer, eine Polka, eine Quadrille usw. vorgeschlagen, und als diese Frage die Runde gemacht hat, fragt die Heuschrecke, zu welcher Musik sie tanzen kann, und die Ameisen schlagen Geigen-, Klavier-, Kornettmusik usw. vor. Dann sagt die Heuschrecke, sie sei des Tanzens müde und wünscht sich ein Bett, und die Ameisen bieten ihr Moos, Stroh, Gras usw. zum Liegen an.

„Ich würde sehr gut schlafen", sagt die Heuschrecke, „aber ich habe Angst, von einem hungrigen Vogel angegriffen zu werden. Welchen Vogel muss ich am meisten fürchten?" Die Ameisen antworten: Die Krähe, die Lerche, der Kuckuck usw.

Nach Beendigung des Spiels müssen die verlorenen Forfaits ausgerufen werden.

Die magische Pfeife

Alle Spieler bis auf drei stehen in zwei Reihen einander gegenüber. Ein Spieler sitzt am Ende der beiden Reihen, ein anderer führt einen dritten Spieler in den Raum und lässt ihn vor dem sitzenden Spieler, der Präsident genannt wird, niederknien.

Der Präsident fährt dann damit fort, alle möglichen „magischen" Bewegungen über Gesicht, Rücken und Hände des Knienden auszuführen. Während er dies tut, befestigt der Junge, der das Opfer hereingeführt hat, eine Pfeife an seinem Mantel. Sie muss an einem Stück Schnur oder Band befestigt und sehr locker befestigt werden, damit sie leicht zu greifen ist und dennoch nicht gegen den Rücken des Trägers schlägt.

Die Pfeife wird dann von dem Jungen geblasen, der sie befestigt hat, und der kniende Junge wird aufgefordert, aufzustehen und nach der Zauberpfeife zu suchen. Die Spieler, die auf jeder Seite stehen, müssen ihre Hände vor den Mund halten und so tun, als würden sie blasen, wenn die Pfeife geblasen wird. Das muss so oft passieren, wie es möglich ist, ohne entdeckt zu werden.

Das Opfer sucht die Reihen ab und versucht, die Zauberpfeife zu finden. Es wird einige Zeit dauern, bis es entdeckt, dass sie an seinem eigenen Mantel befestigt ist.

Ein laufendes Labyrinth

Bilden Sie eine lange Reihe von Kindern, eines hinter dem anderen. Der Anführer rennt los und alle anderen folgen ihm. Sie müssen aufmerksam genug sein, um genau das zu tun, was der Anführer tut.

Nachdem der Anführer ein oder zwei Augenblicke im normalen Laufschritt gelaufen ist, wechselt er in einen Hüpfschritt, dann in einen Marschschritt im schnellen Takt, dann in einen Marschschritt im langsamen Takt, klatscht und läuft mit den Händen an den Seiten, den Händen auf den Schultern, den Händen nach hinten usw.

Zum Schluss läuft der Leiter langsam im Kreis in die Mitte und kann die Kinder entweder fest aufwickeln oder sie in Richtung Mitte umdrehen und wieder hinauslaufen. Zur Abwechslung kann auch die lange Leine loslaufen und so die Spirale abwickeln.

Der Trainer und Vier

Zwei Kinder stehen Hand in Hand nebeneinander. Dies sind die Vorderpferde. Zwei weitere, dicht dahinter, stehen ebenfalls Hand in Hand nebeneinander. Dies sind die Hinterpferde.

Legen Sie die Zügel über den linken Arm eines der Vorderpferde und über den rechten Arm des anderen. Die beiden Hinterpferde halten die Zügel fest und stehen zwischen ihnen. Dann muss ein Fahrer ausgewählt werden, der die Zügel in seiner linken Hand aufnimmt und in seiner rechten Hand eine Peitsche hält.

Neben ihm läuft ein weiteres Kind, ausgerüstet mit einer Hupe sowie Paketen und Briefen, das als Wächter oder Schaffner fungiert. Die übrigen Kinder bilden Dorfstraßen, indem sie in Reihen einander gegenüberstehen.

Die Kutsche mit vier Kutschen, Fahrer und Schaffner galoppiert durch den Raum und durch die Dörfer, während der Schaffner in sein Horn bläst und hier und da ein Papier oder einen Brief hinauswirft.

Wechseln Sie ab und zu die Pferde, damit jeder einmal als Pferd agieren kann. Auch ein Wechsel des Fahrers und des Wächters wird sehr geschätzt.

Wenn die Kinder genug von diesem Spiel haben, brechen sie in Jubel aus, während der Bus ein letztes Mal durch die Dörfer braust. Zwei Busse sorgen für noch mehr Spaß und Freude, da sie sich gegenseitig überholen müssen.

Beste/r/s Rosinen in Málaga

Die Spieler sitzen im Kreis, und einer, der den Trick kennt, nimmt ein kleines Stäbchen in die rechte Hand, macht ein paar lustige Bewegungen damit, nimmt es dann in die linke Hand und gibt es an seinen Nachbarn weiter. Dabei sagt er: „Malaga-Rosinen sind sehr gute Rosinen, aber Valencia-Rosinen mag ich lieber." Dann fordert er seinen Nachbarn auf, dasselbe zu tun. Sollte einer der Spieler das Stäbchen mit der rechten Hand weitergeben, muss er eine Strafe zahlen, aber natürlich darf ihm sein Fehler erst mitgeteilt werden, wenn das Stäbchen einmal im Kreis herumgereicht wurde.

Sally Wasser

Dieses Spiel kann von beliebig vielen Kindern gespielt werden. Es wird ein Kreis gebildet, in den sich alle einreihen, mit Ausnahme eines kleinen Mädchens, das in der Mitte des Kreises kniet. Die Kinder tanzen dann um sie herum und singen dabei die folgenden Verse:

"Sally, Sally Wasser, streue es in die Pfanne,

Steh auf, Sally, steh auf, Sally, für einen jungen Mann;

Wähle das Beste und wähle das Schlimmste,

Und wählen Sie genau das aus, was Sie am meisten lieben.

"Jetzt, da du verheiratet bist, wünsche ich dir Freude,

Zuerst ein Mädchen und dann ein Junge;

Sieben Jahre später, Sohn und Tochter,

Betet, junges Paar, kommt und küsst euch."

Wenn sie zu den Worten „Steh auf, Sally!" kommen, steht das Kind in der Mitte auf und wählt ein anderes aus dem Kreis. Dann werden die nächsten beiden Zeilen gesungen und die beiden Kinder im Kreis tanzen herum und küssen sich. Sally kommt dann in den Kreis, das zweite Kind bleibt im Kreis und das Spiel wird wie zuvor fortgesetzt, bis alle Spieler die Rolle von Sally gespielt haben.

Taubenschlag-Spiel

Bilden Sie einen Kinderring. In die Mitte stellen Sie fünf oder sechs der kleineren Kinder der Gruppe. So entsteht das Taubenhaus mit den Tauben.

Wählen Sie nun ein Kind (Junge oder Mädchen) aus, das diesen altmodischen Taubenschlag öffnet oder schließt.

Er läuft draußen um die Manege herum und schiebt die Kinder sanft in die Mitte, nahe an die Tauben heran, die auf dem Boden sitzen und leise gurren (oder auch nicht, ganz wie es ihnen beliebt).

Danach zieht er sich zurück. Man nenne ihn Bauer oder Bauernjunge, wenn ein Name gewünscht wird.

Nun ertönt auf dem Klavier eine schöne, muntere Melodie. Kaum beginnt sie, läuft der Junge nach vorn und reißt den Kreis der Kinder, der sich mit erhobenen Armen weitet, zu Briefkästen auf.

Die Tauben erheben sich und fliegen aus diesen Löchern im Kreis durch den Raum.

Wenn die Musik zu verstummen beginnt, sollten die Tauben zu ihrem Taubenschlag zurückkehren, und wenn der letzte Ton erklingt, sollten sie sich alle wieder niederlassen. Der Bauernjunge läuft nun um den Ring herum, schließt ihn ab und sorgt dafür, dass alles für die Nacht sicher ist.

Dieses Spiel kann ohne Musik gespielt werden und die älteren Kinder können abwechselnd Tauben spielen.

Hafer und Bohnen und Gerste

Alle Kinder bilden einen Kreis, mit Ausnahme eines Spielers, der in der Mitte steht. Die Kinder tanzen dann um diesen Kreis herum und singen dabei die ersten drei Zeilen der unten aufgeführten Verse. Bei der vierten Zeile hören sie auf zu tanzen und spielen die gesungenen Worte nach. Sie tun so, als würden sie Samen streuen; sie stehen entspannt da, stampfen mit den Füßen, klatschen in die Hände und bei den Worten: „Dreh ihn um" dreht sich jedes Kind um.

Dann klatschen sie wieder in die Hände und tanzen im Kreis, und wenn die Worte „Öffne den Ring und nimm einen auf" gesungen werden, wählt das Kind in der Mitte einen Partner, der in den Ring steigt, und die beiden stehen zusammen, während die anderen Kinder die verbleibende Strophe singen, wonach das Kind, das zuerst in der Mitte war, in den Ring kommt, und das Spiel wird wie zuvor fortgesetzt.

„Hafer und Bohnen und Gerste, oh!

Wissen Sie oder ich oder sonst jemand

Wie wachsen Hafer, Bohnen und Gerste?

„Zuerst sät der Bauer sein Saatgut,

Dann steht er auf und macht es sich bequem,

Stampft mit dem Fuß und klatscht in die Hände,

Und dreht sich um, um das Land zu betrachten.

„Hafer und Bohnen und Gerste, oh!

Warte auf einen Partner, warte auf einen Partner.

Öffne einen Ring und schicke einen ein.

Hafer und Bohnen und Gerste, O!

„Jetzt, da du verheiratet bist, musst du gehorchen,

Du musst zu allem stehen, was du sagst,

Du musst freundlich sein, du musst gut sein,

Und helfen Sie Ihrer Frau beim Holzhacken.

Hafer und Bohnen und Gerste, O!"

Bingo

„Der Hund des Müllers lag an der Mühle,

Und sein Name war der kleine Bingo,

B mit I, I mit N, N mit G, G mit O,

Sein Name war der kleine Bingo.

„Der Müller kaufte Pfefferminze,

Und er nannte es richtig gut Stingo,

S mit T, T mit I, I mit N, N mit G, G mit O,

Er hat es richtig gut gesagt, Stingo."

Ein Kind stellt den Müller dar, die anderen stehen im Kreis um ihn herum, alle tanzen im Kreis und singen die Verse. Beim Buchstabieren des Reims zeigt der Müller auf ein Kind, das den richtigen Buchstaben rufen muss.

Wer einen Fehler macht, muss eine Strafe zahlen.

Lubin Loo

Dieses Spiel kann von einer beliebigen Anzahl von Kindern gespielt werden. Die Spieler bilden einen Kreis, indem sie sich an den Händen fassen. Dann tanzen sie im Kreis herum und singen die erste Strophe, die nach der zweiten Strophe als Refrain dient.

„Hier tanzen wir Lubin, Loo,

Hier tanzen wir Lubin, Licht,

Hier tanzen wir Lubin, Loo,

An einem Samstagabend."

Beim Singen der zweiten Strophe halten die Kinder inne, lösen die Hände und passen ihre Bewegungen den Worten der Strophe an.

„Ich lege meine rechte Hand hinein,

Ich strecke meine rechte Hand aus,

Ich gebe meine rechte Hand schütteln, schütteln, schütteln,

Und drehe mich um."

Während jedes Kind dies singt, streckt es zuerst seinen rechten Arm in Richtung der Ringmitte, zieht dann denselben Arm so weit wie möglich zurück, schüttelt oder schwingt dann seine rechte Hand und dreht sich nach der letzten Zeile ganz um. Die Kinder reichen sich dann wieder die Hände und beginnen zu tanzen, während sie gleichzeitig den Refrain singen. Das Spiel geht wie zuvor weiter, bis alle Verse gesungen wurden. Hier sind die restlichen Verse:

„Hier tanzen wir Lubin, Loo,

Hier tanzen wir Lubin, Licht,

Hier tanzen wir Lubin, Loo,

An einem Samstagabend.

„Ich stecke meine linke Hand hinein,

Ich strecke meine linke Hand aus,

Ich schüttle, schüttle, schüttle meine linke Hand,

Und drehe mich um."

Chor.

„Hier tanzen wir Lubin, Loo" usw.

„Ich setze meinen rechten Fuß hinein,

Ich strecke meinen rechten Fuß aus,

Ich schüttle, schüttle, schüttle meinen rechten Fuß.

Und drehe mich um."

Chor.

„Hier tanzen wir Lubin, Loo" usw.

„Ich setze meinen linken Fuß hinein,

Ich strecke meinen linken Fuß aus,

Ich schüttle, schüttle, schüttle meinen linken Fuß,

Und drehe mich um."

Chor.

„Hier tanzen wir Lubin, Loo" usw.

„Ich stecke meinen eigenen Kopf hinein,

Ich stecke meinen eigenen Kopf raus,

Ich schüttle, schüttle, schüttle meinen Kopf,

Und drehe mich um."

Chor.

„Hier tanzen wir Lubin, Loo" usw.

„Ich stecke beide Hände hinein,

Ich strecke beide Hände aus,

Ich gebe meine beiden Hände schütteln, schütteln, schütteln,

Und drehe mich um."

Chor.

„Hier tanzen wir Lubin, Loo" usw.

„Ich stecke beide Füße hinein,

Ich strecke beide Füße aus,

Ich schüttle, schüttle, schüttle beide Füße,

Und drehe mich um."

Chor.

„Hier tanzen wir Lubin, Loo" usw.

Die kleine Dame

Für dieses Spiel werden mehrere zusammengerollte Papierstücke benötigt, die Hörner darstellen. Wer bei dem Spiel einen Fehler macht, dem bleibt ein Horn im Haar stecken, bei kleinen Jungs können die Hörner auch hinter den Ohren stecken.

Die Spielleiterin sagt zunächst zu ihrer rechten Nachbarin: „Guten Morgen, hübsche Dame, immer hübsch; ich, eine hübsche Dame, immer hübsch, komme von dieser hübschen Dame, immer hübsch" (hier zeigt sie auf das Mädchen zu ihrer Linken), „um Ihnen zu sagen, dass sie einen Adler mit einem goldenen Schnabel besitzt."

Die nächste Spielerin wendet sich an ihren rechten Nachbarn und sagt: „Guten Morgen, hübsche Dame, immer hübsch; ich, eine hübsche Dame, immer hübsch, komme von dieser hübschen Dame, immer hübsch" (hier zeigt sie auf die letzte Sprecherin), „um Ihnen zu sagen, dass sie einen Adler mit einem goldenen Schnabel und silbernen Klauen besitzt."

Das nächste Mädchen erzählt die Geschichte Wort für Wort weiter und fügt „eine seltene Haut" hinzu. Das nächste fügt „Diamantaugen" hinzu und das nächste „violette Federn". Wenn es viele Kinder gibt, müssen dem Adler noch andere Zauber hinzugefügt werden, aber jedes Kind muss die ganze Geschichte erzählen und erhält für jeden Fehler ein Papierhorn, das irgendwo auf dem Kopf aufgeklebt werden muss. Am Ende des Spiels muss für jedes dieser Hörner eine Strafe gezahlt werden.

"Vögel fliegen"

Dies ist ein sehr einfaches Spiel. Jeder Spieler legt einen Finger auf den Tisch und muss ihn heben, wenn der Spielleiter sagt: „Vögel fliegen", „Tauben fliegen" oder ein anderes geflügeltes Wesen „fliegt".

Wenn er ein Wesen ohne Flügel nennt, zum Beispiel „Schweine fliegen", und ein anderer Spieler gedankenlos seinen Finger hebt, muss dieser Spieler eine Strafe zahlen, ebenso wie er es tun muss, wenn er versäumt, seinen Finger zu heben, wenn ein geflügeltes Wesen genannt wird.

Ich sage: Bück dich

Der Lehrer sagt zur Klasse: „Ich sage, bückt euch."

Auf das Wort „bücken" müssen sich alle Kinder bücken. Wenn sie das nicht tun, müssen sie sich hinsetzen. Der Lehrer muss sagen: „Ich sage: Stehen." Die Kinder müssen stehen. Wenn sie das nicht tun, müssen sie sich hinsetzen.

Dieses Spiel bringt die Kinder dazu, schnell zu denken und schnell zu handeln.

Der Lehrer kann sagen: „Ich sage, faltet die Hände hinter dem Rücken."

„Ich sage: Atmen Sie tief durch."

„Ich sage: Hände in die Hüften."

„Ich sage, hebe die Arme über den Kopf."

Alles andere kann ersetzt werden; diejenigen, die langsam im Handeln und Denken sind, müssen sitzen.

Gewonnen hat, wer am längsten stehen bleibt.

Flaggenrennen

Die Spieler sitzen an den Tischen. Die Reihen müssen nicht voll besetzt sein, aber in jeder Reihe muss die gleiche Anzahl Spieler sein. Wählen Sie einen Spieler aus, der vorne in jeder Reihe steht und die Fahne hält, und einen anderen, der hinten in jeder Reihe steht. Auf das Signal hin erhebt sich der hinterste Spieler jeder Reihe, rennt nach vorne, nimmt die Fahne von demjenigen, der sie hält, trägt sie zu demjenigen, der hinten steht, und nimmt seinen Platz ein. Sobald er sitzt, geht der nächste Spieler und bringt die Fahne zurück zu dem Spieler vor ihm. Dies geht so weiter, bis alle gerannt sind. Achten Sie darauf, dass kein Team aufgrund der Positionen der Fahnenträger einen unfairen Vorteil hat.

Eichhörnchen und Nuss

Alle Spieler sitzen, bis auf einen, mit Kopf auf dem Tisch und bedeckten Augen, eine Hand liegt offen auf dem Tisch mit der Handfläche nach oben. Der andere Spieler ist ein Eichhörnchen und läuft zwischen den Reihen auf und ab und gibt einem anderen Spieler eine Nuss in die Hand... Dieser steht auf und jagt das Eichhörnchen. Wenn das Eichhörnchen gefangen wird, bevor es seinen eigenen Platz erreichen kann, wird derjenige, der es gefangen hat, zum Eichhörnchen; wenn das Eichhörnchen nicht gefangen wird, kann es wieder ein Eichhörnchen sein.

Rennen und Punktezählen

Zeichnen Sie eine Anzeigetafel an die Tafel und kennzeichnen Sie jede Reihe mit einer Zahl. Die Spieler laufen wie beim „Rennen" (erste Klasse, erstes Halbjahr). Lassen Sie die vorderen Spieler laufen, berühren Sie die vordere Wand, kehren Sie zu ihren Plätzen zurück und setzen Sie sich aufrecht hin. Notieren Sie die Punktzahl. Die anderen machen es auf die gleiche Weise. Wiederholen Sie dies, wobei die Läufer die hintere Wand berühren. Sehen Sie, welche Reihe die höchste Punktzahl hat.

Basketball im Klassenzimmer

Stellen Sie einen Korb auf den Vordersitz der zweiten Reihe und einen weiteren auf den Vordersitz der vorletzten Reihe. Ziehen Sie 20 Fuß von jedem Korb entfernt eine Wurflinie auf den Boden. Wählen Sie irgendwann vorher vier Kapitäne aus und lassen Sie diese Kapitäne Teams auswählen, wobei sie abwechselnd wählen. Die Teams stehen mindestens zwei Reihen voneinander entfernt und hinter der Wurflinie, wobei jedes Team einen Ball hat. Die Kapitäne stehen hinter den Körben, zwei Kapitäne am selben Korb. Jeder Kapitän gibt den Ball nacheinander an seine Spieler weiter und diese werfen auf den Korb. Das Team, das in einer Runde die meisten Körbe wirft, gewinnt einen Punkt, das Team, das zuerst fünf Punkte erzielt, gewinnt den Wettkampf.

Letzter Mann

Die Spieler sitzen an den Tischen. Die Spielreihen müssen volle Reihen sein. Das Spiel ähnelt dem von „Fuchs und Eichhörnchen" (siehe 1. Klasse, 2.

Halbjahr). Ein Spieler ist „drauf" und es gibt einen Läufer neben den vollen Sitzreihen. Der Läufer kann an die Vorderseite einer beliebigen Reihe kommen und „Letzter Mann" rufen. Dann muss jeder Spieler in dieser Reihe einen Platz zurückgehen und den vorderen Platz für den Läufer freigeben, der nun sicher ist. Der Letzte am Ende der Reihe ist nicht mehr auf seinem Platz und wird somit zum Läufer. Wenn ein Läufer berührt wird, ist er „drauf" und derjenige, der ihn gefangen hat, wird zum Läufer und muss sofort aus dem Weg gehen.

Sitzplatzwechsel

Die Spieler sitzen an ihren Tischen. Wenn der Lehrer den Befehl „Wechsel nach rechts" gibt, gehen alle einen Platz nach rechts und die rechte Reihe steht auf. In ähnlicher Weise kann der Befehl „Wechsel nach vorne", „Wechsel nach hinten" oder „Wechsel nach links" lauten. Zunächst ist es am besten, nach jedem Wechsel den umgekehrten Wechsel durchzuführen, damit die Stehenden sich setzen können. Später kann ihnen jedoch gesagt werden, dass sie zu den freien Plätzen auf der gegenüberliegenden Seite oder am anderen Ende des Raums laufen müssen. Anstelle des Lehrers können Anführer ausgewählt werden.

Huckle, Buckle, Bohnenranke

Die Kinder schließen die Augen und legen den Kopf auf die Tische. Ein kleiner Gegenstand – ein Fingerhut oder ein Knopf – wird gut sichtbar platziert. Auf ein Zeichen hin bewegen sich die Kinder im Raum und nehmen, wenn sie ihn sehen, ihre Plätze ein, ohne zu verraten, wo er ist. Das erste Kind, das ihn sieht, kann ihn beim nächsten Mal verstecken.

Tafel-Relais

Dies ist wie das Tafel-Staffelspiel in der dritten Klasse, aber statt Markierungen und Buchstaben müssen Wörter geschrieben werden; diese müssen möglicherweise einen Satz bilden, Zahlen können geschrieben und anschließend von den nachfolgenden Spielern addiert, subtrahiert usw. werden, oder jeder Spieler kann seinen eigenen Namen schreiben. Es ist oft interessant, wenn der letzte Spieler alles ausradieren muss, was sein Team geschrieben hat, oder jedes Kind kann seine eigene Schrift ausradieren und dabei den Radiergummi weitergeben, so wie es die Kreide weitergegeben hat.

Verstecke den Fingerhut

Ein Kind geht aus dem Raum. Ein Fingerhut oder Knopf wird von einem anderen Kind gut sichtbar abgelegt. Das hinausgeschickte Kind wird dann durch das Klatschen der Kinder zu dem Gegenstand geführt – leises Klatschen für „kalt", lauteres Klatschen für „warm".

Suggestive Atemarbeit

1. Märzwinde pfeifen durch die Bäume. Atme tief ein und imitiere den Wind.

2. Eine Feder in der Luft halten. Laufen Sie mit zurückgelehntem Kopf und atmen Sie kurz aus, um zu verhindern, dass eine imaginäre Feder auf den Boden fällt.

3. Meereswellen erzeugen. Indem man das Wasser in ein großes Becken bläst.

Die Fuchsjagd

Vier Bauern genießen einen ruhigen Abend in ihrem Haus auf dem Land.

Sie hören draußen ein Geräusch, beobachten und lauschen und kommen zu dem Schluss, dass die Füchse in der Nähe der Hütte sind. Sie warten, bis sie ganz nah dran sind, und jagen dann – und fangen so viele wie möglich, bevor die Füchse ihr Zuhause im Wald erreicht haben. Alle, die gefangen werden, werden zu Bauern und helfen, den Rest zu fangen.

Gift

Die Spieler fassen sich an den Händen und bilden einen Kreis. In der Mitte des Kreises werden etwa zehn Radiergummis platziert, mit Zwischenräumen, durch die ein Spieler treten kann. Die Spieler versuchen dann, ihre Kameraden mit gefalteten Händen durch Stoßen oder Ziehen dazu zu bringen, die Radiergummis umzuwerfen. Jeder Spieler, der einen Radiergummi umwirft oder seine Hände löst, muss seinen Platz einnehmen, die Radiergummis werden wieder zurückgelegt. Die ersten Spieler, die den Kreis verlassen, bilden einen Scrub-Kreis. Gewonnen hat der Spieler, der am längsten im ersten Kreis bleibt.

Slap-Jack

Alle Schüler bis auf einen sitzen. Der andere Spieler geht oder rennt durch die Gänge, berührt einen anderen Spieler und rennt in die Richtung, in die dieser geht, durch den Raum. Der Berührte verlässt sofort seinen Platz und rennt in die entgegengesetzte Richtung durch den Raum. Der erste, der wieder auf dem leeren Platz sitzt, hat gewonnen.

Ein Ausweichen durch die Gänge zum Abkürzen der Distanz ist nicht erlaubt. Der Lauf muss außen um den Raum herum erfolgen.

Krähenrennen

Alle Spieler bilden eine gerade Linie. Greifen Sie knapp über den Knöcheln, laufen Sie bei „Los" ein kurzes Stück und kehren Sie zurück, wobei Sie den Griff die ganze Zeit über den Knöcheln behalten.

Fahrradfahren

Die Hände sind vorne in Position, als ob man den Lenker umklammert. Auf der Stelle laufen, das Knie hochheben und die Zehen zum Boden zeigen. Dieselbe Bewegung, mit kurzen, schnellen Schritten vorwärts gehen.

Katze und Ratte

Die Kinder bilden mit gefalteten Händen einen Kreis um den Raum. Eine „Katze" wird ausgewählt, die außerhalb des Kreises steht, eine „Ratte" wird ausgewählt, die innerhalb des Kreises steht. Die Spieler sind mit der Ratte befreundet und heben die Arme, um sie unterzubekommen, lassen sie aber unten, wenn die Katze versucht, durchzukommen. Die Katze jagt die Ratte in den Kreis hinein und wieder hinaus, zwischen Tischen und über Sitze, bis die „Ratte" gefangen ist und eine neue Katze und Ratte ausgewählt werden.

Seilspringen

Dies ergibt eine großartige Kombinationsübung. Schwingen Sie die Arme in einem großen Kreis, als würden Sie das Seil schwingen, und springen Sie jedes Mal, wenn das Seil herunterkommt. Gehen Sie mit denselben Übungen vorwärts, wobei Sie springen und auf einem Fuß landen, statt auf beiden.

Lehrer

Die Kinder stehen oder sitzen in einer Reihe. Einer ist der Lehrer und wirft abwechselnd einen Sitzsack oder einen Softball die Reihe entlang. Das Kind, das daneben wirft, geht nach vorne . Wenn der Lehrer daneben wirft, geht er ans Ende und das Kind an der Spitze wird Lehrer. Fehlwürfe oder schnelle Würfe werden nicht gezählt.

Vogelfänger

Dieses Spiel ist bei allen Kindern, auch in den höheren Klassen, sehr beliebt. Zwei Spieler werden als Vogelfänger ausgewählt und stehen in einer Ecke des Raumes. Die „Vogelmutter" wird ausgewählt, um in einem anderen „Nest" in der anderen vorderen Ecke des Raumes zu stehen. Die anderen Spieler werden in Gruppen (normalerweise diejenigen in einer Sitzreihe) nach verschiedenen Vögeln benannt, „Rotkehlchen", „Zaunkönige" usw. Wenn der Name jeder Vogelgruppe aufgerufen wird, gehen sie nach hinten im Raum und rennen auf ein Signal hin zum „Nest der Vogelmutter". Die Vogelfänger versuchen, sie zu fangen, bevor sie es erreichen. Die „Vögel" weichen zwischen den Tischen aus, springen über die Sitze usw. Die Vogelmutter und die Vogelfänger zählen am Ende des Spiels ihre Vögel und „fliegen" alle zu ihren Plätzen zurück, das heißt, sie winken mit den Armen und hüpfen zu ihren Plätzen.

Markiere mich oder gib Bescheid

Auf Befehl des Spielers, der als Anführer vor der Klasse steht, verschränken die Schüler ihre Arme auf dem Tisch und senken den Kopf auf die Arme. Der Anführer hat einen Radiergummi oder einen anderen Gegenstand, den er auf einen der Tische legt. Er befiehlt „Kopf hoch" und die Schüler heben ihre Köpfe. Derjenige, der den Radiergummi auf seinem Platz findet, erhebt sich und jagt den Anführer. Wenn er ihn fängt, wird er zum Anführer; wenn nicht, ist der erste wieder der Anführer. Wenn es ihnen nach zwei Versuchen nicht gelingt, ihn zu fangen, wählt er einen anderen Anführer.

Ein Radiergummi-Spiel

Ein Junge legt einen Radiergummi oder einen anderen kleinen Gegenstand auf den Tisch eines Mädchens. Sie nimmt den Radiergummi und jagt ihn durch den Raum bis zu seinem Platz. Wenn sie ihn erwischt, geht er in die Ecke und bleibt dort mit den anderen, die gefangen werden, bis zum Ende des Spiels stehen. Dann legt das Mädchen den Radiergummi auf den Tisch eines Jungen und das Spiel geht weiter.

Kreisball

Die Kinder stehen im Kreis im Raum. Einer steht in der Mitte mit einem Sitzsack oder Ball und wirft schnelle Bälle zu den Kindern in den verschiedenen Teilen des Kreises.

Sitzfangspiel – Ein Spiel im Klassenzimmer

Derjenige, der das Spiel beginnt, rennt los, berührt jemanden in der Nähe und erreicht so schnell wie möglich den Sitz des Kindes. Das Kind versucht, es unterwegs zu berühren. Wenn es es berührt, muss derjenige, der berührt wurde, in den Breitopf, das heißt, er muss nach vorne in den Raum gehen und sich hinsetzen. Derjenige, der ihn gefangen hat, setzt das Spiel fort, und wenn ein anderer in den Breitopf gelangt, darf der erste seinen Platz einnehmen. Das Spiel wird fortgesetzt, bis alle einmal durchgespielt haben.

Die Läufe sollten alle sehr kurz sein, damit das Spiel schnell vorangeht.

Toter Ball

Kinder stehen an den Tischen. Ein Tennisball oder ein weicher Gummiball wird zwischen den Spielern hin- und hergeworfen. Das getroffene Kind setzt sich und ist aus dem Spiel. Das Kind, das in der Nähe der Stelle steht, an der der Ball gefallen ist, wirft ihn das nächste Mal.

Vorball

Die Kinder stehen in Reihen einander gegenüber, zwischen ihnen zwei Reihen von Tischen, die auf der einen Seite haben Sitzsäcke. Auf Kommando des Lehrers werfen sie zu den Kindern in der Reihe gegenüber, wobei sie mit beiden Händen werfen und fangen. Nach einer bestimmten Anzahl von Würfen legen sie die linke Hand nach hinten und werfen und fangen mit der rechten Hand; dasselbe mit der linken Hand. Das ist ein gutes Muskeltraining.

Ausweichen

Die Spieler teilen sich in gleich große Gruppen auf. Eine Gruppe bildet einen Kreis, die andere innerhalb. Die äußere Gruppe hat einen Volley oder einen

Baseball, mit dem sie versucht, die anderen (Spieler) innerhalb zu treffen. Sobald einer getroffen wird, muss er sofort in den Kreis zurückkehren und helfen, die anderen zu treffen. Wenn alle auf diese Weise getroffen wurden, wechseln die Gruppen die Plätze und wiederholen das Ganze. Die beiden Spieler, die in den beiden Spielen zuletzt getroffen wurden, sind Kapitäne, die für das nächste Mal ausgewählt werden.

Dritter Mann

Wird ähnlich wie „Three Deep" gespielt. Die Spieler stehen in Paaren einander gegenüber, die Paare sind beliebig im Raum verteilt. Der Läufer darf nicht gefangen werden, wenn er zwischen die beiden Spieler eines Paares tritt, und der Verfolger muss denjenigen verfolgen, dem der Läufer den Rücken zukehrt.

Fuchs und Hühner

Wählen Sie einen Spieler als Fuchs und einen anderen als Glucke. Die Spieler sind die Hühner und stellen sich alle in einer Reihe hinter der Glucke auf, wobei jeder das vor ihm stehende Huhn an der Taille festhält. Der Fuchs versucht, das letzte Huhn zu fangen; die Reihe, angeführt von der Glucke, dreht sich um und versucht, zwischen dem Fuchs und diesem Huhn zu bleiben. Wenn das letzte Huhn gefangen ist, wird es zum Fuchs und die Glucke wählt einen anderen Spieler an ihrer Stelle.

Radiergummi-Relais

Legen Sie abwechselnd in den Reihen einen Radiergummi auf die vorderen Tische. Auf das Startsignal hin nimmt das erste Kind in jeder Reihe den Radiergummi in beide Hände und reicht ihn über seinen Kopf hinweg an das Kind hinter ihm weiter. Dies geht so weiter, bis das letzte Kind ihn erhält. Das letzte Kind läuft damit nach vorne und den rechten Gang entlang. Beim Erreichen des vorderen Sitzes bewegt sich seine gesamte Reihe einen Sitz nach hinten, so dass ein Platz vor ihm frei bleibt. Der Läufer setzt sich dann auf den leeren Platz und reicht den Radiergummi mit beiden Händen nach hinten, wie zuvor beschrieben.

Der Sitzwechsel sollte auf der linken Seite erfolgen.

Das Spiel endet, wenn jedes Kind zu seinem Platz zurückgebracht wurde.

Klassenzimmer-Tag

Markieren Sie vor den Tischen einen Kreis auf dem Boden. Wählen Sie einen Spieler als „es". Er steht in der Nähe des Kreises, aber nicht im Kreis, und ruft die Namen von drei Spielern. Die Spieler müssen aufstehen und versuchen, den Kreis zu erreichen, ohne berührt zu werden. Sie laufen in beliebiger Art und in jede Richtung.

Der erste gefangene Spieler ist „es" und das Spiel geht weiter wie zuvor. Wenn keiner gefangen wird, werden drei weitere Spieler gerufen. Ermutigen Sie die Spieler, Spieler zu benennen, die noch nicht gerufen wurden.

Das Serpentinenlabyrinth

Alle Spieler stehen in einer Reihe, der Lehrer führt. Jeder Spieler reicht dem Spieler vorn die rechte Hand nach vorne und die linke Hand nach hinten, wobei er die Hände umklammert. Marschieren Sie vorwärts, kreisen Sie nach links und drehen Sie sich in einer Spirale auf. Wenn die Spirale eng ist, sollte der letzte Spieler führen, alle drehen sich nach links und drehen sich in einer Spirale auf, wobei sie nach rechts kreisen. Später sollten mehrere Variationen verwendet werden:

1. Gleich wie erste Methode ohne greifende Hände.

2. Wenn Sie so weit wie möglich gewickelt sind und genügend Platz gelassen haben, lehren Sie Kreise direkt vom Mittelpunkt der Spirale aus, und die Linie folgt und verläuft in einer umgekehrten Spirale nach außen. Dies wird zuerst mit greifenden Händen und später ohne durchgeführt.

3. Wenn der Leiter die Mitte der spiralförmigen, engen Wicklung erreicht, gibt er den Spielern ein Zeichen in eine Richtung und sie heben die Arme und bilden Bögen, unter denen die Leine hindurchgehen kann. Der Lehrer führt, die Hände bleiben in diesem Fall gedrückt.

Lehrer und Klasse

Ähnlich wie „Schulball". Für jede Gruppe von acht oder zehn Spielern wird ein Anführer gewählt. Die Spieler stehen in einer Reihe und der Anführer steht acht oder zehn Fuß seitlich entfernt. Eine Reihe im Klassenzimmer kann als Gruppe besetzt werden, wobei ein Anführer vorne steht. Der Anführer wirft den Ball oder das Sitzkissen der Reihe nach den Spielern zu, beginnend am Kopf. Jeder Spieler, der daneben geworfen hat, geht zum Fuß. Wenn der Anführer daneben geworfen hat, geht er zum Fuß und der Spieler am Kopf wird Anführer. Wenn der Ball zweimal herumgeht und der Anführer nicht daneben geworfen hat, geht er in die Reihe direkt über denen, die daneben geworfen haben und der Spieler am Kopf wird Anführer.

Tafel-Relais

Die konkurrierenden Reihen müssen so aufgestellt werden, dass an der Vorderseite jeder Reihe eine Tafel ist. Der erste Spieler jeder Reihe hat ein Stück Kreide. Auf das Signal läuft er zur Tafel und macht mit der Kreide einen Strich, dann kehrt er zu seinem Platz zurück und gibt die Kreide an den nächsten Spieler weiter, der läuft und seinerseits einen Strich macht. Später müssen die Spieler möglicherweise ein Kreuz, Kreise, Großbuchstaben, Kleinbuchstaben machen, Zahlenspalten hinzufügen, Wörter schreiben und Sätze bilden. Der Lehrer beurteilt, ob die Punkte den Anforderungen entsprechen, und jedes Team erhält für jeden Fehler ein Foul.

Taggen Sie das Wandrelais

Dies ist wie „Rennen" (siehe 1. Klasse), aber kontinuierlicher. Zwei oder mehr Reihen treten gegeneinander an. Der Spieler auf dem hintersten Platz steht auf ein Zeichen des Lehrers hin auf, rennt den Gang entlang, berührt die Wand an der Vorderseite des Raums und kehrt zu seinem Platz zurück. Sobald er seinen Platz erreicht hat, tut der Spieler vor ihm dasselbe. Der Staffellauf ist beendet, wenn jeder Spieler der Reihe nach gelaufen ist. Die Reihe, deren vorderster Spieler zuerst sitzt, gewinnt.

Slow Poke (drinnen)

Es werden abwechselnd Kinderreihen ausgewählt. Auf ein Zeichen des Lehrers rennen die letzten Kinder in den abwechselnden Reihen die Gänge hinunter, biegen nach links ab, rennen den anderen Gang hinunter, drehen sich um, wenn sie ihre Plätze erreichen, und fangen die Person, die vor ihnen sitzt. Die gefangene Person macht es wie die erste Person und fangen die Person vor ihnen erst, wenn sie ihren Startplatz erreicht hat. Jede Person rennt, wenn sie gefangen wird. Für jede Reihe sollten gleich viele Kinder ausgewählt werden. Ziel des Spiels ist es, herauszufinden, welche Reihe gewinnt, wobei dies ganz von der Wachsamkeit, der Schnelligkeit des Geistes und der Ehrlichkeit im Spiel mit den Mitschülern abhängt.

TRICKS UND PUZZLES

Wer einen Streich spielen oder mit einem Rätsel angeben möchte, sollte dies zunächst privat testen, bevor er versucht, es in Gesellschaft vorzuführen. Denn oft kann ein kleiner Fehler dazu führen, dass der Trick zunächst misslingt, während man ihn mit ein wenig Übung bald perfekt beherrschen kann.

Das tanzende Ei

Nehmen Sie ein hartgekochtes Ei und legen Sie es auf die Rückseite eines glatten, polierten Tellers oder Brottellers. Wenn Sie nun den Teller in horizontaler Position drehen, dreht sich das Ei, das sich in der Mitte befindet, ebenfalls, und mit zunehmender Geschwindigkeit wird sich das Ei immer schneller bewegen, bis es an einem Ende aufrecht steht und sich wie ein Kreisel dreht. Um ganz sicher zu sein, dass das Experiment gelingt, sollten Sie das Ei während des Kochens aufrecht halten, damit das Innere in der richtigen Position aushärten kann.

Der magische Faden

Weichen Sie ein Stück Faden in einer Salz- oder Alaunlösung ein (Ihr Publikum darf das natürlich nicht bemerken). Wenn der Faden trocken ist, leihen Sie sich einen sehr leichten Ring und befestigen Sie ihn am Faden. Halten Sie den Faden in die Flamme einer Kerze; er verbrennt zu Asche, hält aber immer noch den Ring.

Die schwimmenden Nadeln

Es gibt mehrere Möglichkeiten, eine Nadel auf der Wasseroberfläche schwimmen zu lassen.

Am einfachsten geht das, indem man ein Stück Seidenpapier auf das Wasser legt und die Nadel darauf, das Papier saugt sich schnell mit Wasser voll und sinkt zu Boden, während die Nadel obenauf schwimmt.

Eine andere Methode besteht darin, die Nadel in zwei Schlingen aus Fäden zu hängen, die vorsichtig weggezogen werden müssen, sobald die Nadel aufschwimmt.

Du kannst die Nadel auch schwimmen lassen, indem du sie einfach zwischen deinen Fingern hältst und aufs Wasser legst. Dazu ist allerdings eine sehr ruhige Hand nötig.

Wenn Sie eine Nähnadel magnetisieren, indem Sie sie an einem ziemlich starken Magneten reiben, und sie auf dem Wasser schwimmen lassen, erhalten Sie einen äußerst empfindlichen Kompass. Und wenn Sie zwei Nadeln gleichzeitig auf das Wasser legen, werden Sie sehen, wie sie sich langsam einander nähern, bis sie nebeneinander schwimmen, das heißt, wenn sie nicht so heftig aneinander schlagen, dass sie untergehen.

Die Brücke der Messer

Drei Messer können folgendermaßen an ihren Griffen befestigt werden: Stellen Sie drei Gläser in ein Dreieck, wobei jede Seite ungefähr so lang sein muss wie eines der Messer. Die Klinge des ersten Messers sollte auf der Klinge des zweiten aufliegen, indem sie in der Nähe des Punktes darüber verläuft, an dem Griff und Klinge zusammentreffen; die Klinge des zweiten verläuft auf die gleiche Weise über die Klinge des dritten, die auf der Klinge des ersten aufliegen muss. Wenn die Griffe dann vorsichtig auf die Gläser gelegt werden, entsteht eine Brücke, die stark genug ist, um ein beträchtliches Gewicht zu tragen.

Eine Kaffeetasse auf der Spitze eines Messers balancieren

Die für diesen Trick benötigten Gegenstände sind sehr einfach. Sie brauchen nur eine Tafelgabel und einen Korken normaler Größe. Befestigen Sie den Korken fest im Griff der Gabel, stecken Sie die Gabel hinein, sodass sich auf jeder Seite des Tassengriffs zwei Zinken befinden, und neigen Sie die Gabel so, dass ihr Griff unter den Boden der Tasse kommt. Wenn Sie das schwerste Gewicht auf diese Weise darunter bringen, können Sie die Tasse auf der Spitze eines Messers halten, wenn Sie sehr sorgfältig die genaue Stelle finden, an der sie balanciert.

Da die Oberfläche der Tasse meist glasiert ist, darf die Hand, die das Messer hält, nicht zittern, da die Tasse sonst abrutscht.

Sie können das gleiche Ergebnis auch erzielen, wenn Sie anstelle einer Gabel zwei Messer verwenden.

Der hartnäckige Korken

Nehmen Sie einen kleinen Korken und bitten Sie jemanden, ihn in eine ziemlich große, normale Flasche mit Hals zu blasen.

Dies scheint ganz einfach zu sein. Wer es versucht, wird wahrscheinlich so fest wie möglich auf den kleinen Korken pusten, aber statt wie erwartet in die Flasche zu gehen, fällt er einfach herunter. Je stärker die Puste oder Schläge, desto hartnäckiger scheint der Korken zu sein, und selbst wenn man es mit sanftem Pusten versucht, wird es nutzlos sein; der Korken geht nicht in die Flasche, sehr zur Belustigung der Zuschauer. Der Grund, warum der Korken nicht hineingeht, ist folgender: Da die Flasche bereits mit Luft gefüllt ist, wird beim Pusten des Korkens noch mehr Luft in die Flasche gedrückt, wodurch die Luft im Inneren stark komprimiert wird und den Korken einfach zurückdrückt. Dieses Problem lässt sich auf einfache Weise wie folgt lösen: Statt zu versuchen, den Korken durch die komprimierte Luft in der Flasche zu drücken, sollte man genau das Gegenteil versuchen, d. h., etwas Luft sollte aus der Flasche gesaugt werden. Dabei wird die Flasche teilweise entleert, und wenn die Außenluft einströmt und den leeren Raum füllt, wird der Korken mit auf den Boden der Flasche gerissen.

Sechs und Fünf ergibt Neun

Dies ist ein einfaches kleines Puzzle. Nehmen Sie elf Kartonstreifen, legen Sie sechs davon in genau gleichem Abstand auf den Tisch und bitten Sie einen aus der Gruppe, die fünf anderen Streifen hinzuzufügen und dennoch nur neun zu erhalten. Dies geschieht, indem sechs davon parallel zueinander platziert werden – die anderen werden verwendet, um das Wort „Neun" zu buchstabieren.

Der verschwindende Zehncentstück

Kleben Sie ein kleines Stück weißes Wachs auf den Nagel des Mittelfingers Ihrer rechten Hand und achten Sie dabei darauf, dass niemand Sie dabei sieht. Legen Sie dann einen Zehncentstück in Ihre Handfläche und sagen Sie

Ihrem Publikum, dass Sie ihn auf ein Kommando verschwinden lassen können.

Dann schließen Sie Ihre Hand, sodass der Zehncentstück am gewachsten Nagel kleben bleibt. Pusten Sie auf Ihre Hand, machen Sie Zauberbewegungen und rufen Sie „Zehncentstück, verschwinde!" Öffnen Sie Ihre Hand so schnell, dass niemand den Zehncentstück sieht, der an der Rückseite Ihres Nagels klebt, und zeigen Sie Ihre leere Hand. Um den Zehncentstück wieder zum Vorschein zu bringen, schließen Sie Ihre Hand einfach wieder und reiben den Zehncentstück in Ihrer Handfläche.

Einen Schneeball mit einem Streichholz anzünden

Rollen Sie einen Schneeball und legen Sie ihn auf einen Teller. Während Sie ihn rollen, können Sie ein Stück Kampfer in die Spitze des Schneeballs schieben. Der Kampfer muss etwa die Größe und Form einer Kastanie haben und so in den weichen Schnee gedrückt werden, dass er unsichtbar ist. Das kleinere Ende muss nach oben zeigen, denn darauf sollte das Streichholz gehalten werden.

Die tanzende Erbse

Nehmen Sie für diesen Trick ein fünf bis sieben Zentimeter langes Stück vom Stiel einer Tontabakpfeife und achten Sie darauf, dass ein Ende ganz gerade ist. Vergrößern Sie das Loch am geraden Ende mit einem Messer oder einer Feile, sodass eine kleine Tasse entsteht. Wählen Sie die rundeste Erbse, die Sie finden können, legen Sie sie in die Tasse und blasen Sie sanft durch das andere Ende der Pfeife. Legen Sie dabei den Kopf in den Nacken, damit Sie die Pfeife aufrecht über dem Mund halten können.

Je nachdem, wie stark Sie blasen, steigt, fällt und tanzt die Erbse in ihrer Tasse. Achten Sie jedoch darauf, nicht zu stark zu blasen, da Sie die Erbse sonst möglicherweise ganz wegblasen.

Der balancierende Löffel

Legen Sie ein halb geöffnetes Taschenmesser auf die Tischkante und hängen Sie einen großen Kochlöffel mit dem Haken an das Messer, genau dort, wo Klinge und Griff zusammentreffen. Legen Sie den Löffel so, dass seine innere (konkave) Seite zum Tisch zeigt. Nach kurzem Schwingen bleiben Messer und Löffel perfekt im Gleichgewicht. Selbst wenn Sie den Löffel mit Sand füllen, fällt er nicht um, solange sich die schwerste Stelle unter der Tischkante befindet.

Der Kochlöffel wird an das halb geöffnete Taschenmesser an der Stelle gehängt, an der Klinge auf den Griff trifft. Nun können Sie das Ende des Messergriffs auf Ihre Fingerspitze, auf die Tischkante oder auf den Rand eines Glases legen, das nahe der Tischkante steht. So liegen Messer und Löffel perfekt im Gleichgewicht, ohne umzufallen.

Die Kraft eines Wassertropfens

Nehmen Sie ein Streichholz, ritzen Sie es in die Mitte, biegen Sie es so, dass ein spitzer Winkel entsteht, und stecken Sie es über die Öffnung einer Flasche.

Legen Sie nun einen Zehncentstück oder eine andere kleine Münze auf das Streichholz und bitten Sie jemanden, die Münze in die Flasche zu werfen, ohne dabei die Flasche oder das Streichholz zu berühren.

Das geht ganz einfach. Tauchen Sie Ihren Finger in ein Glas Wasser, halten Sie ihn über die Stelle, an der das Streichholz eingekerbt ist, und lassen Sie ein oder zwei Tropfen auf diese Stelle fallen. Durch die Kraft des Wassers bewegen sich die Seiten des Winkels auseinander, und die Öffnung wird so groß genug, dass die Münze in die Flasche fallen kann.

Das Wächter-Ei

Dieser Trick erfordert Sorgfalt und Geduld. Sie müssen einen Spiegel auf einen vollkommen ebenen Tisch legen; dann nehmen Sie ein frisch gelegtes Ei und schütteln es eine Zeit lang, bis das Eiweiß gut mit dem Eigelb vermischt ist. In diesem Zustand ist es möglich, das Ei auf seiner Spitze zu balancieren und es aufrecht auf dem Spiegel stehen zu lassen. Dieser Trick gelingt mit größerer Sicherheit, wenn Sie geschickt genug sind, die Spitze durch einen leichten und unerwarteten Schlag ganz leicht und gleichmäßig zu glätten.

Der Münztrick

Nehmen Sie in jede Hand eine Münze und strecken Sie die Arme so weit wie möglich auseinander. Sagen Sie dann Ihrem Publikum, dass Sie beide Münzen in eine Hand geben werden, ohne die Hände zusammenzuführen. Das geht ganz einfach, indem Sie eine Münze auf den Tisch legen und dann Ihren Körper herumdrehen, bis die Hand mit der anderen Münze dort ankommt, wo sie liegt. Sie können die Münze dann leicht aufheben und beide sind in einer Hand, während Ihre Arme immer noch weit ausgestreckt sind.

Das wunderbare Pendel

Wenn Sie ein Weinglas mit Wasser füllen und ein dickes Stück Papier darüber legen, damit keine Luft eindringen kann, werden Sie feststellen, dass Sie das Glas umdrehen können, ohne einen Tropfen Wasser zu verschütten, da der Luftdruck von außen verhindert, dass das Papier abfällt. Nach diesem Prinzip soll das vorliegende Pendel hergestellt werden. Nehmen Sie ein Stück Pappe, das größer ist als die Öffnung des Glases; führen Sie eine Schnur durch ein kleines Loch in der Mitte der Pappe und befestigen Sie sie mit einem Knoten auf der Unterseite. Bedecken Sie das Loch dann sorgfältig mit Wachs, damit keine Luft eindringen kann.

Legen Sie Ihren Karton über das mit Wasser gefüllte Glas. Wenn Sie am Ende der Kordel eine Schlaufe machen, können Sie das Glas an einem Haken an der Decke aufhängen, ohne befürchten zu müssen, dass es herunterfällt. Um sicherzustellen, dass keine Luft in das Glas gelangt, ist es ratsam, den Rand mit Talg zu bestreichen, bevor Sie den Karton darauf legen.

Die Drehstifte

Nehmen Sie ein Stück Gummiband, welches nicht mit Seide oder Wolle ummantelt ist und stecken Sie durch die Mitte dieses Stücks eine Stecknadel, die Sie wie in der Abbildung gezeigt gebogen haben.

Halten Sie nun das Gummiband zwischen Daumen und Zeigefinger jeder Hand und drehen Sie es, wobei Sie es gleichzeitig ein wenig strecken. Die dadurch verursachte schnelle Bewegung lässt die sich drehende Nadel wie ein Glasobjekt aussehen. Wenn helles Licht auf die Nadel fällt und sich dahinter ein dunkler Hintergrund befindet, wird die Ähnlichkeit noch viel stärker.

Nach ein wenig Übung können Sie auf diese Weise vieles darstellen, Käseschalen, Vasen, Sektgläser usw. Und falls die gebogene Nadel beim Drehen aufgrund ihrer Form in die Horizontale fallen sollte, können Sie ein Ende mit einem weißen Faden am Gummiband festbinden, ohne dass dies die Arbeit behindert.

Dieser Trick sieht in einem abgedunkelten Raum gut aus, wenn die Stecknadel von einem Sonnenstrahl beleuchtet wird, der durch ein Loch im Fensterladen einfällt.

Der mysteriöse Ball

Dies scheint eine einfache Holzkugel zu sein, in deren Mitte ein Loch gebohrt ist, durch das eine Schnur geführt wird. Die Kugel bewegt sich leicht an dieser Schnur auf und ab, aber wenn jemand, der den Trick kennt, die Schnur in die Hand nimmt, sieht die Sache ganz anders aus: Die Kugel bewegt sich auf Befehl schnell oder langsam, und wenn man es ihr sagt, bleibt sie stehen, bis sie wieder weiterbewegt.

Der Grund für dieses besondere Verhalten liegt darin, dass sich im Inneren des Balls zwei Löcher befinden, von denen eines ganz gerade ist, während das andere gekrümmt ist und aus dem geraden Loch herausragt.

Durch diesen gekrümmten Durchgang wird die Schnur geführt, und Sie können leicht erkennen, dass Sie die Schnur nur mehr oder weniger festhalten müssen, um die Bewegungen des Balls zu regulieren. Wenn Sie die Schnur perfekt festhalten, kann sich der Ball überhaupt nicht bewegen. Der Ball kann in jedem Top-Shop gekauft werden.

Der Mann mit dem falschen Kopf

Ziehen Sie Mantel und Weste so an, dass sie hinten befestigt werden. Befestigen Sie dann eine Maske über dem Hinterkopf und eine Perücke über dem Gesicht. Der Effekt ist sehr merkwürdig.

Mit verbundenen Augen einen Gegenstand finden

Um diesen Trick anzuwenden, müssen Sie einen Ihrer Freunde ins Vertrauen ziehen. Leihen Sie sich eine Uhr und stecken Sie sie in Ihre Tasche. Bitten Sie dann Ihr Publikum, sich ans Ende des Raumes zu setzen, verbinden Sie Ihrem Freund die Augen und führen Sie ihn nach draußen. Sagen Sie nun: „Meine Damen und Herren, wenn Sie mir einen kleinen Gegenstand zum Verstecken geben, verspreche ich, dass der Blinde ihn finden wird, obwohl ich ihm nicht einmal sagen werde, wonach er suchen soll, und ich werde das Gas herunterdrehen, sodass er immer noch nichts sehen kann, falls die Binde verrutscht." Nachdem Sie einen Schlüssel, einen Bleistift oder einen anderen kleinen Gegenstand erhalten haben, drehen Sie das Gas herunter und beginnen, den Gegenstand am Ende des Raumes zu verstecken. Sagen Sie, wo Sie ihn hingelegt haben, aber verschweigen Sie, dass Sie die Uhr direkt daneben gelegt haben. Dann bitten Sie um „Ruhe", führen den Blinden hinein und bitten ihn, mit der Suche zu beginnen. Er wird natürlich vom Ticken der Uhr geleitet und weiß, dass alles, was er in der Nähe findet, der versteckte Gegenstand ist. Wenn er „Gefunden" ruft, muss er die Uhr in seine Tasche stecken. Dann geben Sie Gas und fragen Ihr Publikum ruhig, ob es Ihren Freund nicht für einen sehr klugen Kerl hält?

Chinesische Schatten

So können Sie Schattenbilder ganz einfach herstellen: Stellen Sie eine Kerze auf den Tisch und befestigen Sie ein weißes Blatt Papier in gleicher Höhe über dem Boden wie die Kerze an der Wand. Platzieren Sie nun einen undurchsichtigen Gegenstand, zum Beispiel ein großes Buch, zwischen Kerze und Papier und stellen Sie an einer Seite des Tisches einen Spiegel auf, so dass dieser das Licht der Kerze auf das Papier an der Wand reflektiert. Wenn Sie nun zwischen Kerze und Spiegel kleine Pappfiguren stellen, wird ein Schatten auf das weiße Papier geworfen und Sie können Ihre Figuren nach Belieben bewegen.

Handschatten

Es ist sehr schwierig zu erklären, wie diese Schatten erzeugt werden sollen, aber Sie müssen bedenken, dass Sie zwischen Lampe und Wand stehen und die Arme ausstrecken müssen, damit der Schatten Ihres Körpers nicht mit den Schattenbildern in Konflikt gerät, die Sie mit Ihren Händen erzeugen möchten. Die Abbildungen zeigen Ihnen, wie Sie zwei sehr gute Schattenbilder erzeugen, aber der Spaß an dem Spiel besteht darin, dass mehrere Personen ihre eigenen Bilder erstellen und sehen, wer das beste Bild hinbekommt.

Das Spiel der Schatten

Für dieses Spiel benötigen Sie ein weißes Laken, das am Ende des Raumes aufgehängt wird. Dann nehmen die „Schattenmacher" ihre Plätze auf niedrigen Stühlen hinter dem Laken ein. Es darf nur eine Lampe im Raum geben, die etwa sechs bis sieben Fuß hinter den „Schattenmachern" platziert werden sollte. Dann hüllen sich die „Schattenmacher" in Schals oder etwas Praktisches und nehmen ihre Plätze ein, sodass ihre Schatten auf das Laken geworfen werden. Sie müssen natürlich versuchen, sich zu verkleiden, damit die „Schattensucher" ihre Identität nicht erraten können. Indem man das Haar lockert und es über das Gesicht fallen lässt , kann ein Mädchen wie ein Mann mit Bart aussehen; wenn man den Finger über die Nase beugt, erhält man im Schatten eine sehr seltsam aussehende Hakennase und verändert das Aussehen des Gesichts völlig. Wenn man sich mit einem Laken bedeckt und dann die Arme ausstreckt, sieht man aus wie eine große Fledermaus. Sobald die Identität eines „Schattenmachers" erraten wurde, muss er seinen Platz als „Schattensucher" einnehmen, und derjenige, der ihn erraten hat, wird zum „Schattenmacher". Die Strafe für einen Blick hinter das Laken seitens des „Schattensuchers" ist die Zahlung einer Geldstrafe.

Denken Sie an eine Zahl

Sagen Sie jemandem, er solle sich eine beliebige Zahl ausdenken, aber nicht sagen, welche es ist. Sagen Sie ihm dann, er solle sie verdoppeln. Wenn er das getan hat, soll er eine gerade Zahl hinzufügen, die Sie ihm nennen müssen. Danach muss er das Ganze halbieren und dann von dem, was übrig bleibt, die Zahl abziehen, die ihm zuerst eingefallen ist. Wenn er damit fertig ist und richtig gezählt hat, können Sie ihm den genauen Rest nennen, der einfach die Hälfte der geraden Zahl ist, die er zu seiner eigenen hinzufügen soll.

Lebende Schatten

Um diese zu machen, müssen Sie in der Ecke des Raumes neben einem Spiegel stehen. Jemand soll hinter Ihnen eine Lampe halten, sodass der Schatten Ihres Kopfes und Ihrer Schultern an die Wand geworfen wird und das reflektierte Licht des Spiegels genau auf die gleiche Stelle fällt wie der Schatten Ihres Kopfes.

Wenn man den Spiegel nun mit einem Stück dickem Papier bedeckt, aus dem man zwei Augen, eine Nase und einen Mund ausschneidet, entsteht der in der Zeichnung gezeigte Effekt. Um den Schatten noch lebensechter zu machen, schneidet man zwei Stücke Papier aus, befestigt eines über dem Spiegel und bewegt das andere darüber. Auf diese Weise kann man die Augen und den Mund des Schattens zum Bewegen bringen.

Die beiden Enden einer Dominosteinreihe erraten

Für diesen Trick wird ein ganzer Satz Dominosteine benötigt, wobei der Darsteller darauf achten muss, einen aus dem Satz, nicht einen Doppelstein, in seiner Tasche zu verstecken. Die restlichen Dominosteine müssen gemischt und gemäß den üblichen Regeln für Dominospiele platziert werden, und der Darsteller verpflichtet sich, die beiden Zahlen an den Enden der Linie zu nennen, die während seiner Abwesenheit vom Raum aufgestellt wurden, ohne sie zu sehen. Die Zahlen an den Enden der Dominolinie müssen genau mit den Zahlen auf dem Dominostein übereinstimmen, den der Darsteller in seiner Tasche hat. Wenn er aufgefordert wird, den Trick zu wiederholen, muss er unbedingt den versteckten Dominostein austauschen, da er sonst möglicherweise entdeckt wird.

So ermitteln Sie das Alter einer Person

Bereiten Sie einen Kartensatz vor, indem Sie die hier angegebenen Tabellen kopieren. Geben Sie ihn der Person, deren Alter Sie ermitteln möchten, und bitten Sie sie, die Karten zu benennen, auf denen ihr Alter steht.

Addiert man nun die ersten Zahlen aller von ihm genannten Karten, ergibt die Summe das erforderliche Alter.

Karte Nr. 1		Karte Nr. 2		Karte Nr. 3		Karte Nr. 4		Karte Nr. 5		Karte Nr. 6	
1	29	2	30	4	30	8	28	16	28	32	44
3	31	3	31	5	31	9	29	17	29	33	45
5	33	6	34	6	36	10	30	18	30	34	46
7	35	7	35	7	37	11	31	19	31	35	47

9	37	10	38	12	38	12	40	20	48	36	48
11	39	11	39	13	39	13	41	21	49	37	49
13	41	14	42	14	44	14	42	22	50	38	50
15	43	15	43	15	45	15	43	23	51	39	51
17	45	18	46	20	46	24	44	24	52	40	52
19	47	19	47	21	47	25	45	25	53	41	53
21	49	22	50	22	52	26	46	26	54	42	54
23	51	23	51	23	53	27	47	27	55	43	55
25	53	26	54	28	54						
27	55	27	55	29	55